短视频运营基础

温亮宝 吴亚娟 王凤娇 著

人民邮电出版社

北京

图书在版编目（CIP）数据

短视频运营基础 / 温亮宝, 吴亚娟, 王凤娇著. --
北京 : 人民邮电出版社, 2024. -- ISBN 978-7-115
-64751-1

I. F713.365.2

中国国家版本馆 CIP 数据核字第 2024DA2093 号

内 容 提 要

本书从短视频的现状和机遇开始，系统地讲解短视频运营方法，主要内容包括账号变现、账号搭建、选题策划、视频与照片拍摄、视频剪辑、视频发布、账号运营等。本书图文并茂，理论联系实际，通俗易懂，有助于读者轻松掌握短视频运营的方法和技巧。

本书适合想要借助短视频进行商业推广和品牌运营的市场营销人员阅读，也适合作为高等院校新媒体、运营、电商相关专业的教材或参考书。

◆ 著　　温亮宝　吴亚娟　王凤娇
　　责任编辑　谢晓芳
　　责任印制　陈　犇

◆ 人民邮电出版社出版发行　北京市丰台区成寿寺路 11 号
　邮编　100164　电子邮件　315@ptpress.com.cn
　网址　https://www.ptpress.com.cn
　涿州市京南印刷厂印刷

◆ 开本：720×960　1/16

　印张：7　　　　　　　　2024 年 10 月第 1 版

　字数：93 千字　　　　　2024 年 10 月河北第 1 次印刷

定价：39.90 元

读者服务热线：(010)81055410　印装质量热线：(010)81055316
反盗版热线：(010)81055315
广告经营许可证：京东市监广登字 20170147 号

Preface 前 言

随着抖音、快手等短视频平台的"火爆",短视频领域产生了大量的商业机会。相对于传统的图文呈现方式而言,短视频更具有吸引力,传播方式更有效。如今,创作视频不仅是少数专业人员的工作,还是众多创业者和营销人员工作内容的一部分。他们投入了大量的资金和资源,希望创作出优质的内容。本书可以帮助读者成为合格的内容创作者。

本书旨在让读者轻松掌握短视频运营的方法和技巧。短视频平台的规则有哪些?账号如何变现?如何注册一个高权重账号?如何剪辑出想要的效果?这些问题的答案尽在本书中。

本书通过图片展示了大量的操作,有助于读者快速上手。

本书共9章,详细讲解短视频运营方法。

第1章介绍短视频的现状和机遇,包括短视频兴起的原因、短视频的发展机遇,以及如何抓住时代机遇。

第2章以短视频平台为例,介绍平台规则,包括平台降权限流的行为,以及平台限制或禁止的商品和词汇。

第3章讲解短视频账号如何变现,包括选品、寻找对标账号、打造人设。

第4章讲解如何注册一个高权重账号,包括账号分级,注册账号及完善信息,以及如何养账号。

第5章介绍如何策划选题,包括脚本撰写思路、三段论文案,以及选题如何蹭热点。

第6章介绍如何拍摄出想要的内容，包括设备选择、视频拍摄和照片拍摄。

第7章介绍如何剪辑出想要的效果，包括视频剪辑、配乐和字幕制作，以及视频封面制作。

第8章介绍如何让视频成功地被平台推送，包括视频发布流程及如何带标签和话题。

第9章介绍如何运营账号，包括评论区运营、数据分析和DOU+投放。

本书适合想要借助短视频进行商业推广和品牌运营的市场营销人员阅读，也适合作为高等院校新媒体、运营、电商相关专业的教材或参考书。

Contents 目 录

第1章　短视频的现状和机遇……………1
- 1.1　短视频兴起的原因……………2
  - 1.1.1　智能手机的普及……………2
  - 1.1.2　网络的发展……………3
- 1.2　短视频的发展机遇……………3
  - 1.2.1　5G时代的流量红利……………4
  - 1.2.2　线上线下整合营销……………5
- 1.3　新人如何抓住时代机遇……………5
  - 1.3.1　用户思维……………6
  - 1.3.2　执行力……………8

第2章　平台规则……………11
- 2.1　平台降权限流的15种行为……12
- 2.2　平台限制或禁止的商品和词汇……………16
  - 2.2.1　平台限制或禁止的商品……………16
  - 2.2.2　限制词或禁止词……17

第3章　商业定位……………23
- 3.1　选品……………24
  - 3.1.1　选品的方法……………24
  - 3.1.2　选品的维度……………27
  - 3.1.3　商品类型……………28
- 3.2　寻找对标账号……………30
  - 3.2.1　对标带货短视频……31
  - 3.2.2　对标直播间和产品……32
  - 3.2.3　如何寻找对标账号……32
- 3.3　打造人设……………33
  - 3.3.1　个人IP和人设……………33
  - 3.3.2　打造人设的维度……………34

第4章　账号搭建……………37
- 4.1　账号分级……………38
- 4.2　注册账号及完善信息……………40
  - 4.2.1　如何起一个好名字……40
  - 4.2.2　什么样的头像最好记……………42
  - 4.2.3　个人简介怎么写……43
  - 4.2.4　封面背景图制作……45
- 4.3　养账号……………47

第5章　选题策划……………49
- 5.1　常见的3种脚本撰写思路……50
  - 5.1.1　晒产品……………50
  - 5.1.2　教知识……………51
  - 5.1.3　讲故事……………52

- 5.2 三段论文案 …………………… 53
- 5.3 选题如何蹭热点 ………………… 54
  - 5.3.1 蹭热点的注意事项 …… 54
  - 5.3.2 如何找热点 …………… 56
  - 5.3.3 如何预见热点 ………… 57

第6章 视频与照片拍摄 …………… 59
- 6.1 设备选择 ………………………… 60
- 6.2 视频拍摄 ………………………… 63
  - 6.2.1 推 ……………………… 64
  - 6.2.2 拉 ……………………… 64
  - 6.2.3 摇 ……………………… 64
  - 6.2.4 移 ……………………… 64
  - 6.2.5 跟 ……………………… 65
- 6.3 照片拍摄 ………………………… 65

第7章 视频剪辑 ……………………… 69
- 7.1 视频剪辑、配乐和字幕制作 …… 70
  - 7.1.1 视频剪辑 ………………… 70
  - 7.1.2 配乐 ……………………… 72
  - 7.1.3 字幕制作 ………………… 74
- 7.2 视频封面制作 …………………… 75
  - 7.2.1 制作封面 ………………… 76
  - 7.2.2 制作封面模板 …………… 80
  - 7.2.3 套用封面模板 …………… 81

第8章 视频发布 ……………………… 83
- 8.1 视频发布流程 …………………… 84

- 8.2 如何带标签和话题 ……………… 86
  - 8.2.1 短视频平台的双重标签 …………………… 86
  - 8.2.2 打创作者标签的3种常见方法 …………………… 87
  - 8.2.3 如何查找优质标签 ……… 89

第9章 账号运营 ……………………… 93
- 9.1 评论区运营 ……………………… 94
  - 9.1.1 权重最高的互动行为 …………………… 94
  - 9.1.2 评论区运营的重要性 …………………… 95
  - 9.1.3 如何运营评论区 ………… 96
- 9.2 如何通过创作服务平台分析数据 …………………………………… 97
  - 9.2.1 创作服务平台的基本模块 …………………… 98
  - 9.2.2 通过【视频数据】模块分析数据 ……… 100
- 9.3 如何投放DOU+ ………………… 102
  - 9.3.1 什么是DOU+ ………… 102
  - 9.3.2 DOU+投放的类型 …………………… 103
  - 9.3.3 投放DOU+的具体操作 …………………… 104

第 1 章
短视频的现状和机遇

时代在进步，科技在发展，人们的生活方式也在不断发生改变。以前的线下推销活动变成了现在的线上直播带货，以前的书信沟通变成了现在的视频沟通，以前在电视上看新闻，现在在各个平台上看新闻。新媒体一直在发展，从博客到微博，再到公众号，如今，到了短视频的时代。短视频在2018年左右兴起，而在2019年，短视频高速发展，许多品牌开始利用短视频进行营销，这为短视频的发展提供了动力。目前，短视频仍具有很大的发展空间，正处于充满机遇的时期。

1.1 短视频兴起的原因

随着硬件设施的进步和生活方式的改变，人们的需求在不断变化。在短视频出现之前，人们通过文字、图片获取信息。最初，人们阅读网页上的文字；后来进入了图文时代，图片与文字并存，极具代表性的就是微信公众号；现在，短视频盛行。短视频的兴起离不开智能手机的普及以及网络的发展。

1.1.1 智能手机的普及

同工业革命一样，变革需要科技的支持。新媒体能一直发展，离不开智能手机这一载体。智能手机是从掌上电脑演变而来的，人们需要计算机强大的信息处理功能，但同时携带手机和计算机又很不方便，于是厂商将掌上电脑的系统移植到手机中，智能手机自此诞生。

智能手机有3个很突出的特点。

- 具有独立的操作系统，相当于一台小计算机，各种功能都十分便捷。
- 可以根据需求安装各类软件，自由度很高。
- 支持全触屏式的操作，并且屏幕较大，方便操作、观看。

假如现在我们还在用当年的按键手机，很可能无法通过触屏操作随意切换视频，无法通过双击屏幕点赞等，也无法安装各类短视频软件。这些操作都是在智能手机（如图1-1所示）出现之后才实现的。

图1-1

仅仅出现智能手机还不够，新媒体的发展还得益于智能手机的普及，走进千家万户。智能手机刚出现时，价格昂贵，达不到"人手一部"的程度，普及率较低。但经过几年的高速发展，智能手机的品牌和类型丰富了很多，价格大幅下降，甚至只需几百元就能买到一部智能手机，现在基本达到"人手一部"的程度。

1.1.2 网络的发展

在智能手机普及的同时，网络也在发展，如图1-2所示。2G网络迎来了数字时代，3G网络迎来了移动互联网，4G网络

图1-2

迎来了图文时代，5G网络迎来了短视频时代。想象一下，以前花5元买30MB的2G流量，加载网页可能需要等待5秒，下载图片还需要担心流量不够用，这样的情况下怎么可能随意地看短视频？现在，无线网络随处可见，5G网络提供了技术支持，网速加快了，流量的价格降低了，在线看视频也不用担心卡顿和流量不够用的问题了，人们可以随时随地看短视频。网络的发展为短视频的发展奠定了基础，提供了市场。

1.2 短视频的发展机遇

短视频已经完全融入大众的日常生活中，并以一种势不可挡的姿态继续深入。

借助 5G 时代的"流量红利",整合线上线下的营销。不论是个人还是企业,都需要把握局势,抓准机遇,助力自身发展。

1.2.1　5G 时代的流量红利

5G 技术推动短视频快速发展,引发了人们生活方式的改变,从而带来了巨大的流量红利。人们以前习惯的线下购物逐渐变为在淘宝、京东等平台的线上选购,而在短视频时代,人们的习惯变为在观看视频、直播的过程中购物。如今,线下市场转变为线上市场,而"短视频+直播"的购物模式将在未来成为线上市场的主导。

短视频凭借其传播快、时间短、应用场景丰富等特点,被应用于各行各业。生活中短视频无处不在,主流社交平台都包含短视频功能。例如,微信的朋友圈视频和视频号,微博的视频,抖音也是一个短视频平台。各类短视频软件的使用率非常高,几乎每部手机上都会安装,应用场景越多,蕴含的流量就越大。

对于平台来说,用户就是潜在购买者,将潜在购买者提供给广告商,广告商将自己想要宣传的内容通过广告传递给用户,达到营销目的,带动商品销售,如图 1-3 所示。

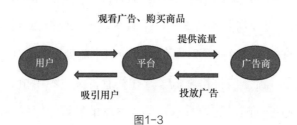

图1-3

5G 时代拥有巨大的流量红利,无论是个人还是企业,都有机会抓住这波红利。个人可以通过直播带货、接广告等形式变现,企业可以通过自建账号或投放广告来实现大范围宣传的目的。现在,短视频还处于蓬勃发展的时期,越早开始运营账号,就越容易抢占市场。

1.2.2 线上线下整合营销

以前,消费者在线下购买商品,随着电商行业的发展,消费者可以通过电商平台购物,但是由于图文与实际体验存在一定差距,因此消费者会通过先在线下试用再在线上搜索同款商品的方式购物。

而短视频将线下试用与线上购买这两个场景融合,在观看短视频时,消费者就可以全方位了解产品的使用体验,满意即可购买,大大提高了消费者的购买效率。从食品、服饰、家用电器、手工艺品到健身用品、旅游产品等,现在大部分行业的产品可以通过短视频分享使用体验。企业做好线上线下整合营销,可获得的收益是难以想象的。

之前,品牌很难在短时间内火爆起来,它们都需要多年的积累,才能抢占一定的市场,赢得消费者的信任。但是对于现在的品牌,可以通过线上线下整合营销,借助投放广告、找博主试用产品、打造相关的话题和策划活动等方法,将知名度快速提高,迅速打开市场。完美日记、花西子等都是通过互联网营销而快速走红的品牌。

不同行业用不同的方法实现线上线下整合营销。例如,服装行业可以在线下门店中进行直播,在扩大销售市场的同时提升知名度,吸引更多的消费者来线下门店;餐饮行业可以拍摄美食视频或邀请博主探店,同时在线上线下售卖一些能邮寄的食品,从而吸引更多的顾客;广告行业可以在线上进行宣传的同时,在线下同步宣传,增加印象。

线上线下整合营销是目前的大趋势,企业抓住机遇、顺应趋势,并找到合适的方法,就能乘势而上。

1.3 新人如何抓住时代机遇

短视频至少还有3~5年的红利期,市场大、投资多、门槛低。各行各业都在借助短视频迅速发展，不论是个人还是企业，都可以利用短视频为自己带来收益。只要找对方向、掌握技巧、持之以恒，就有机会取得不错的成绩。新人想要抓住时代机遇需要具备两大基本能力，即用户思维和执行力。

1.3.1 用户思维

互联网思维有9种，如图1-4所示。创作短视频需要具备的是其中最基础、最重要的思维，即用户思维。用户思维在生活中的应用非常广泛，在销售行业工作的人可能会对此有较深的感触，因为优秀的销售人员一般深谙用户思维。

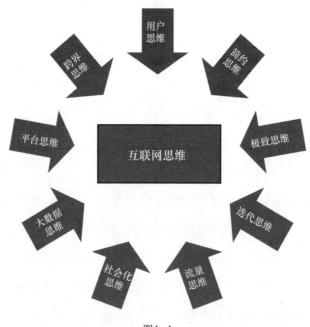

图1-4

用户思维是什么？在回答这个问题之前，要回答用户是谁。

生活中处处都有用户，因此用户思维应用非常广泛。例如，在职场中，要学会"管理"自己的上司，上司就是我们的用户；在工作中，我们要处理客户关系，客户就是用户。

短视频的用户是谁？很多人可能会回答是视频的观众（也是购买商品的对

象）。这个回答没问题，但是只答对了一半。用户其实有两个，一个是视频的观众，另一个更重要的用户是审核视频的平台本身，如图1-5所示。除了视频中推广的产品之外，创作的视频本身也是一个产

图1-5

品。这个产品的好坏决定了平台会不会给视频分配更多的流量，这需要使用用户思维去思考。

换位思考，平台更希望短视频创作者发布什么样的视频呢？答案肯定是优质视频。优质视频的特点如表1-1所示。

表 1-1

特点	说明
竖屏原生视频	使用手机拍摄的竖屏视频。这类非专业人士拍摄的视频更加贴近生活，能给用户带来亲切感
画面平稳、画质清晰	视频的画质清晰、画面不抖动。模糊和晃动的视频会影响用户体验，拉低用户对平台的印象
无杂音与噪声	视频中音乐、人声清晰，无杂音与噪声，能确保观众听清视频中的内容
主题内容明确	发布的作品定位和主题清晰，便于平台为作品打上标签和分类，推送同类流量

观众对视频也有很明确的要求。在观看短视频的时候，分析自己点赞、评论、分享时的心理，就能明白应该从哪些方面提升了。短视频应注重3个方面。

- 有价值。抖音上有比较多的知识博主，如教摄影的、教跳舞的、教普通话的，观众在看完他们发布的视频之后，感觉收获了知识，认为这些视频很有价值，就会产生互动行为，可能是点赞、评论或者分享。

- 有趣。人们平时比较爱看的搞笑博主的"涨粉"速度是比较快的。当观众看到能让自己开怀大笑的视频时，就会产生点赞、评论或者分享的行为。虽然创作这种视频涨粉快，但变现比较困难，因为吸引的粉丝来自各行各业，而非来自垂直领域。

- 有共鸣。有的文案号经常发布一些与情感、生活相关的文案。这种账号带货的主要方向是图书。此外，还有故事号，通过讲故事把观众带入某个情境，让观众产生共鸣。发文案和讲故事都是为了让观众产生共鸣，从而增加观众的互动行为，或者达到带货的目的。

1.3.2 执行力

运营短视频账号最重要的一定是"做"。不管听了多少课，看了多少视频，学了多少小技巧，只要不动手做，不把学到的知识应用到实践中，这些东西就都不能变成自己的。执行力是做账号的基础。另外，还需要坚持，许多人往往在还没看到成效时就放弃了，或者断断续续地拍摄视频，没有固定的时间和数量，这种行为会影响账号。举一个形象的例子，从拿起手机去拍视频到发布视频，做到这一步，就超过了90%的人；从发布视频到坚持在一个月内每天发一条，就超过了95%的人。

执行力和坚持非常重要，但不能盲目地开始，要目标清晰、有条不紊。下面将从学习、定位、动手、分析4个方面来讲。

1. 学习

运营短视频账号并不是拿起手机就能轻松开始的，要先进行系统的学习，了解短视频行业的基本情况和玩法，理解短视频运营的底层逻辑。此外，还要学习基本的脚本撰写、拍摄、剪辑等专业知识，确保自己的视频能达到较高的质量。如果学有余力，还可以学一些更高级的拍摄和剪辑方法，让视频看起来更丰富、更新潮。

2. 定位

在掌握基础的理论及实操知识后，就要开始策划账号，一个账号必须有明确的定位，例如搞笑账号、美妆账号、穿搭账号或知识账号等。定位明确后，才能确定需要发布什么样的视频，吸引什么样的粉丝，实现变现。每个平台都会根据发布的视频，先给账号打上相应的标签，然后推送同类流量。而吸引到的粉丝也会因为账号的定位明确，更加垂直且具有更强的黏性。

账号的定位并不是随便决定的，最好根据自己的特长和兴趣决定。"兴趣是最好的老师"，在自己热爱的领域中工作会更快乐，也会更容易坚持下去。同时，需要考虑账号的发展空间和盈利方式。在明确账号的定位时，最好选择能长期发展和容易变现的方向。

3．动手

上述两个方面的内容都是准备工作，只有动手拍摄了，才算真正开始运营短视频账号。只有发布了视频，才能看到数据，知道效果如何。当发布一定数量的视频并尝试过几种类型后，可以更准确地捕捉到粉丝的偏好。在运营短视频账号时，要大胆尝试新风格，不要墨守成规。新媒体行业最怕落后，一定要紧跟潮流，提高行动力。

4．分析

分析是需要贯穿始终的，从着手运营短视频账号起就要时刻分析。分析主要包括两个方面。

- 分析优秀的短视频账号，看这些账号如何选择话题、拍摄视频、定位风格、引导带货等。从分析结果中，思考自己能不能借鉴一些经验，哪些可以套用到自己的短视频账号上。但是一定要理智分析，不能全套照搬。

- 分析自己的短视频账号，需要时刻关注哪些视频的播放量高，寻找这些视频的共同特点，以后在制作视频时多借鉴；也需要关注播放量低的视频，分析原因，以后注意规避。在后期的带货选品中，带货数据能展现出粉丝的消费偏好，通过不断分析销售数据，可以更准确地了解自己的用户群体。

当下流行的风格、热点都是会不断变化的，所以只有关注行业，不断分析，才能把控好短视频账号的发展方向。

第 2 章
平 台 规 则

做账号离不开平台，每个平台都有自己的规则和限制。若用户发布的作品违反了平台的规则，平台就会对作品进行限流，甚至屏蔽；若作品涉及一些比较严重的敏感问题，平台极有可能直接将账号封禁。若账号经常违反平台规则，就会影响账号的权重，对账号的发展十分不利。本章主要讲解大部分平台的规则和禁忌。

2.1 平台降权限流的15种行为

要运营一个能变现的账号，需要长期规划。为了避免出现被平台降低权重、限制流量（降权限流）的情况，需要了解什么样的行为是平台限制和禁止的。本节介绍平台降权限流的15种行为。

1．带有破坏民族团结、宣扬民族歧视倾向

若创作的视频带有破坏民族团结、宣扬民族歧视倾向，就属于非常严重的问题，一旦被平台判定涉及相关内容，账号会被直接封禁。为了避免造成不良社会影响，对于这类敏感问题，平台必定会严肃处理。

2．带有封建迷信思想

我们要崇尚科学，反对封建迷信，因此像算命、看风水等行为不能在视频中出现，制作相关视频会被平台打上传播封建迷信思想的标签，从而对视频进行限流。

3．泄露他人及个人隐私

泄露他人及个人隐私属于违法行为。而在短视频中，不能泄露他人的信息，包括住址、工作、照片等。由于网络传播广泛，因此他人或个人的信息可能会被一些人滥用，给他人或自己造成困扰，也可能会被网友质疑不尊重他人隐私，影响账号的形象。

4. 搬运他人作品、抄袭

不能搬运他人作品、抄袭，否则，可能导致账号被平台封禁。

搬运他人作品就是把别人的视频发布到自己的短视频账号上，这是运营短视频账号的大忌，必然会被平台处罚。即使自己创建了两个短视频账号，在其中一个短视频账号下发布了某个流量和效果还不错的视频，再把这个视频在另一个短视频账号下发布，第二次发布的短视频账号也有可能因被平台判定为搬运而被处罚。因为平台是判断不出这两个短视频账号属于同一个人的，平台只能判断出这两个短视频账号发布了同样的视频，所以会进行处罚。在运营短视频账号时，要注意这一点。

抄袭是把别人的视频文案复制下来，自己对着镜头读文案并重新拍摄一遍。在短视频账号起步时期，难免要参考别人的优秀视频，但是需要把握好尺度。可以看优秀视频的文案是怎么写的，参考其中精彩的部分；或者借鉴优秀视频的创作思路，并结合自己短视频账号的定位和风格去使用，从而提升自己创作视频的质量。

5. 带有吸烟、暴力、恐怖、色情、赌博、钱等内容

吸烟、暴力、恐怖、色情、赌博、钱等内容是不能出现在短视频中的，这一点不用过分强调，很容易理解。其中与烟相关的内容需要额外强调一下。烟是可以出现在视频里的，但是不能吸烟。因为平台上有很多未成年人，如果盲目地模仿，会产生不良影响。要做能变现的账号，需要输出优质内容，确保流量稳定，所有可能影响账号发展的内容最好都避开。

6. 留外部联系方式

留外部联系方式是指在主页上以谐音、图标的方式留下联系方式，如手机号、微信号、电子邮箱地址等。平台是禁止博主留外部联系方式的，因为平台需要对平台内发生的行为负责，例如，若在抖音平台购买商品，商品出现问题，消费者是可以在抖音平台上维权的。如果在抖音平台上浏览商品，却在其他平台上进行

交易，当产生纠纷时，很容易权责不清，所以若平台检测出外部联系方式，就会进行屏蔽处理。

7. 出现其他平台的信息

出现其他平台的信息是一种引流行为。引流就是把流量引到其他平台，这种行为是平台明令禁止的。例如，在抖音平台上推荐一件商品，却建议大家去淘宝购买，这种行为就会被平台判定为引流，平台会对作品做出限流处理。

制作好物推荐类视频很难避免这种情况，平台也无法完全限制，平台一般通过检测敏感词来进行限流。例如，小红书平台是禁止提到"双十一"这样的词语的，因为"双十一"是淘宝推出的活动，这样的行为相当于在借助小红书给淘宝引流。

8. 长时间出现商品徽标、二维码

平台允许进行商品推荐，但过于明显的商品推荐会被标注为营销广告进而受到限流处理，具体表现就是视频中长时间出现商品徽标、二维码。商品推荐是基于良好的使用体验，给用户进行推荐和宣传。平台不喜欢粗暴且直接的宣传方式。例如，在视频中长时间展示商品徽标就很容易被审核人员判定为营销广告，从而对这条视频进行限流。为了避免用户在平台外联系和交易，不允许出现二维码。

9. 出现水印

在运营短视频账号的时候，不要出现发布平台以外的其他平台的水印，甚至剪辑软件的图标也不能出现。出现水印相当于给其他软件平台打广告，这种行为平台是不允许的，可能会造成发布的视频无法通过平台审核。

10. 视频画质差

各短视频平台都希望创作者在平台上发布的作品质量高、内容好。对此，平台通常会给优秀的作品分配更多流量，提高作品的曝光度；对模糊、画质差的视频进行限流，避免给用户带来不好的观看体验，造成平台用户流失。因此发布的

视频最基本的要求就是画质清晰。

11．内容偏向营销广告

平台都有专门供达人和商家对接合作的途径，例如抖音平台的星图。如果达人未通过官方渠道与商家达成合作，达人发布的视频里一直介绍某个商品，且没有挂"小黄车"，平台就会判定内容为营销广告从而对视频进行限流。此外，如果用户找不到商品链接，可能会认为这条视频是虚假宣传，从而举报视频。因此在制作视频时，内容不能太偏向营销广告，尽量以日常分享的形式介绍。

12．直播中明显的引流、卖货、推销行为

直播中要注意的行为与视频中的类似，只不过违规后对视频进行限流处理，而直播间可能会直接被封禁。在直播中，若没有经过平台的途径直接推荐商品，审核人员很可能会做出封禁直播间的处理。一方面，这样的行为涉及引流，会将平台内的用户引导到另一个平台，造成用户的流失；另一方面，不经过平台，就无法保证交易的公平、真实，一旦涉及虚假交易或者骗局，就会对平台造成负面影响。因此，平台对这类行为查得是比较严格的。然而，并不是直播中不能提到其他的任何商品，只要不很明显地推销，和大家分享使用体验，也是允许的。

13．直播中出现联系方式、口播广告

同理，不但账号的主页和发布的视频中不允许出现联系方式，而且不允许在直播间中出现。如果存在售后问题，需要联系客服处理或者其他情况，可以在后台配备客服，让粉丝通过私信与客服沟通；或者让粉丝给账号发送私信，在私信中沟通解决。不能直接将联系方式在直播中展示出来或者口播出去。

口播广告是一种非常明显的"硬宣传"，平台不允许这种宣传方式，如果对这种行为不加以约束，那么平台可能会充斥大量的广告推销内容，拉低平台内容的质量。所以在直播带货之前，需要做好准备工作，对所选的产品进行把控，对直播的内容要足够熟悉，不要出现对着稿子念的大段广告。

14. 纯图片轮播，尤其是带有商品

纯图片轮播是指没有主播进行介绍，直接在直播间上传商品的图片，配上音乐和文字，进行循环展示。平台不允许这类直播，因为这类直播的复制成本很低，容易存在搬运、抄袭问题，会让用户产生平台内容质量低的印象。

15. 无口播的视频

无口播的视频是指没有任何人声，采用配音的视频。这类视频在服装行业比较多，例如，博主拆快递后试穿衣服，没有任何讲解和推荐，整个视频只配上背景音乐，缺乏有价值的内容。

2.2 平台限制或禁止的商品和词汇

平台不仅对行为有要求和限制，还对一些商品和词汇有很明确的要求和限制。创作者需要认真了解，接广告的时候避开敏感商品，日常发布作品时不要使用敏感词。

2.2.1 平台限制或禁止的商品

平台对销售的商品做出限制是为了更好地管理。一些行业的商品销售需要厂家和达人具有资质，还有一些行业的商品并不适合所有人，是有限制的。因为平台用户、商品、带货主播都很多，平台很难完全核查清楚商品的购买者和销售去向，所以对一些商品的销售做出了禁止和限制。一般平台限制或禁止的商品如下：

- 彩票资讯或相关图书；
- 成人用品、计生用品；
- 酒类；
- 视频直播、拍摄类工具；

- 平台商品竞品；
- 药品、保健品、医疗器械；
- 棋牌、捕鱼类游戏；
- 人类视角的成人游戏；
- 社区社交、相亲类产品；
- 娱乐经纪产品。

2.2.2 限制词或禁止词

通俗来说，限制词或禁止词就是违禁词和敏感词。有些创作者在运营短视频账号时，账号突然就被限流了；有些直播间突然被暂时封禁，或者被永久封禁。这些都有可能是在不知道的情况下用了违禁词或敏感词。运营短视频账号并不容易，所以可以提前了解相关的违禁词和敏感词，避免在不知情的情况下失去账号。

总的来说，不文明用语、带有侮辱性的词汇是禁止出现的。疑似欺骗用户、刺激用户消费的词语（例如，秒杀、再不抢就没了）也在违禁词的范围内。与淫秽色情、赌博相关的词语也是不能出现的。另外，与民族歧视、种族歧视、性别歧视相关的词语也不应出现。关于化妆品的特效、高效、全效、速效等宣传语也是不能用的，因为表述的效果太夸张，涉及虚假宣传。

另外，还有一些关于带货的违禁词，包括国家级、世界级、最高级、第一、唯一、首个、首选等，这些过于夸张、绝对化的词语都是可以被平台识别出来的。平台一旦识别出来，就可能会对短视频账号限流。

具体限制或禁止的词语可以在平台内查询。以抖音为例，具体操作如下所示。

（1）打开抖音，单击界面右下角的【我】，然后单击右上角的带三条横线的按钮，在弹出的界面中选择【我的客服】，进入客服中心，如图2-1所示。

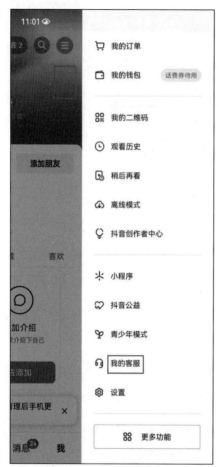

图2-1

（2）在客服中心的搜索框里输入"禁用词"，可以搜索到"广告禁用词"自助工具，单击它，会显示"「虚假宣传：使用广告禁用词」实施细则"，如图2-2所示。其中有详细的规范以及违规案例。

敏感词类型较多，往往会根据时间和热点不断变化，仅凭大脑很难记住有哪些敏感词，也很难了解最新的敏感词。要检查作品中是否有敏感词，可以借助一些敏感词检测工具。推荐的一款工具是轻抖，如图2-3所示。

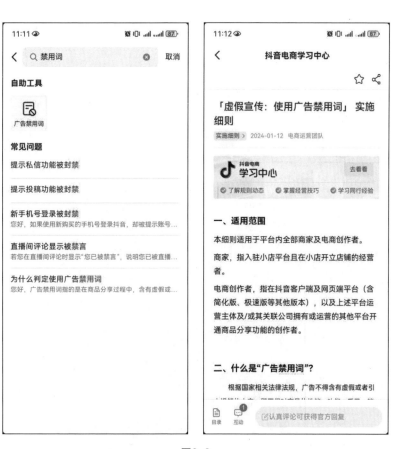

图2-2

图2-3

可以使用这款软件进行敏感词的检测。检测视频所用文案中有哪些实时敏感词，修改后再拍摄视频。具体操作如下所示。

（1）把需要检测的文案粘贴到【待检测内容】文本框中，如图2-4所示。

图2-4

（2）单击【立即检测】按钮，就可以看到文案中的敏感词了，如图2-5所示。

第 2 章
平台规则

图2-5

检测出违禁词和敏感词后进行修改或剪辑，使其不在发布的作品中出现。只要了解清楚平台的规则和限制，不触碰红线，就能让账号平稳地发展。

第 3 章
商业定位

运营视频账号的目标往往是变现。为了实现这个目标，在运营视频账号初期就应当考虑好如何变现。确定账号发展方向后，寻找同类型的优秀账号，借鉴优秀账号的可取之处。当真人出镜时，还需要打造自己的"人设"。

3.1 选品

在运营视频账号的前期，创作者需要大胆尝试，寻找适合自己的发展方向。发展方向可以结合自己的兴趣爱好、擅长的领域等进行选择。而在开始运营视频账号时，就需要明确未来的变现方向。本节主要讲解如何基于自身情况选品。

3.1.1 选品的方法

本节以抖音平台为例讲解选品的方法。在抖音中，选品需要通过商品橱窗进入精选联盟。精选联盟是抖音平台为"带货达人"提供优质商品的场所，用户可以在精选联盟广场中挑选自己想要的商品，并将其上架到橱窗。

在抖音中，这种模式被称为"小店无货源"模式。简单来说，用户开通该模式后，负责卖货，由第三方商家协助用户完成发货任务。在这个过程中，用户扮演售货员的角色，也就是带货达人。带货达人每卖出一件商品，雇佣方就会分配一定的佣金，这部分佣金就是带货达人的主要收入。

开通商品橱窗需要账号符合一定的条件。打开抖音，单击界面右下角的【我】，单击界面右上角的带三条横线的按钮，在弹出的界面中选择【抖音创作者中心】，再选择【全部】，选择开通【涨收入】中的【商品橱窗】。开通商品橱窗的条件如图3-1所示（注：平台规则不定期会有变化，最终以实际为准）。

第 3 章
商业定位

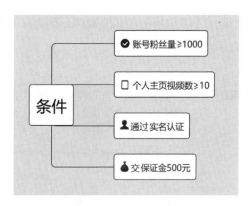

图3-1

开通商品橱窗后,需要提交带货资质,开通收款账户。按照步骤填写银行卡相关信息即可开通。开通商品橱窗后,在账号主页,进入产品橱窗,选择【选品广场】,如图3-2所示。

图3-2

在弹出的界面中,选择【爆款榜】,如图 3-3 所示。

在打开的界面中,查看商品的排行榜,如图 3-4 所示。

图3-3

图3-4

排行榜提供了分类,可以根据账号的定位查看对应行业的商品。在大的行业分类下,还有行内的细分,如图 3-5 所示。在排行榜中能直观地看到爆款商品,方便选品。

图3-5

在周榜和日榜中，可以仔细挑选、分析商品。随着时间的推移，榜单中的商品极有可能成为月榜的爆款商品，有带货、发展的空间。主播将看中的商品加入商品橱窗，即可进行带货推广。

3.1.2 选品的维度

在选品时，除了选择可能的长期爆款商品以外，还需要考虑如下3个维度。

- **认知维度**。在带货前一定要了解清楚该商品的品牌及其在行业中的口碑，这是用户购买商品前最看重的，在一开始就要把控好商品。
- **体验维度**。在带货前，需要先购买商品并进行试用，这样可以确保带货过程顺利，对商品的描述足够准确。此外，需要详细了解商品的发货与售后服务，避免影响消费者的购买体验。
- **收益维度**。在带货前一定要了解商品的佣金和商家的行业口碑，有些商家会设置一些陷阱和骗局，坑害用户和主播。

从以下两个维度进行选品。
- **对粉丝负责**。粉丝基于信任和优惠关注账号并购买推荐的商品。虽然运营视频账号的目标是变现，但是要以正确的方式实现目标。对于自己售卖出去的商品，主播是要负责的。市场很大，选择性很多，在带货前，要选择正规、合法的商品。
- **有利于账号长久发展**。如果对售卖的商品没有进行把控，就会出现一系列的问题，如售后服务不到位、宣传和实物不一致、售卖商品混乱等。久而久之，账号的口碑就会下降，博主会因失信，流失粉丝。账号的口碑需要好好维护，后期把控不严会导致费尽心思建立的账号失去竞争力。

所以，对于比较敏感的行业应尽量避开，不要抱有侥幸心理。如果带货的商品出现了问题，主播将会是第一责任人，会长久影响个人的形象和未来的一切活动。运营视频账号花费时间和精力，不要为了尝试，而对账号造成损害。

3.1.3 商品类型

除了通过短视频变现之外，选择的商品还可以通过直播变现。直播间里的商品一般分为5种，如图3-6所示。

图3-6

第 3 章
商业定位

福利款一般用来吸引粉丝,作为粉丝福利,如图3-7所示。福利款商品的利润非常低,甚至有些福利款会亏本,但它是直播间必不可少的。当平台给直播间推送极速流量的时候,可能突然会涌入几百或者几千个用户,如果这时直播间没有价格非常实惠的产品去承接这波流量,可能就无法留住这批用户。观看量提升不了,成交数据就不会令人满意,平台就不会给直播间持续推送流量了。福利款的定价通常是1元或者9.9元,这样定价是有一定逻辑的。如果直播间的畅销款或者利润款的定价是39元,那么用1元的福利款引流是没有问题的,但如果畅销款或利润款的定价是99元或者139元,那么再用1元的福利款引流,可能就会导致畅销款或利润款卖不出去。这时候应该用19.9元或者39元的福利款引流,这样后面的99元和139元的商品才能卖出去。

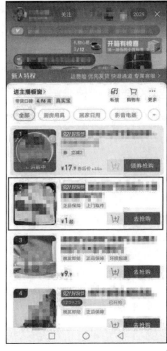
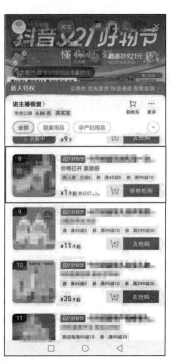

图3-7

畅销款一般是市场上销售得比较好的产品,价格可能不会太高,利润也不会太高，但是销量一般是所有商品里面最好的。这些商品就是畅销款，有时候也称为爆款商品。畅销款的数据一般也是非常抢眼的。

利润款是盈利比较高的商品，其销售额和销售量都是比较抢眼的。福利款和畅销款的利润都不高，主要是为了吸引粉丝和承接流量，而利润款是为了保证直播间有利润。

常规款是店铺里随时都能买到的一款商品，若不在直播间售卖，也可以通过主页的链接进行购买。常规款的销量不错，一般会搭配畅销款和利润款一起售卖。比如，顾客买了一个西瓜，可能还想买其他水果，就顺便买了橘子，这时候橘子可能就是店铺的常规款。

形象款不仅用于进行对比，还用于显示店铺的实力。如果很多直播间在卖菠萝蜜，而在某个直播间没有卖菠萝蜜，用户可能就会对这个直播间的选品产生质疑。另外，如果直播间中只有一些平价商品，没有一些高端商品，用户可能会觉得这个直播间没有品位，这就是形象款存在的目的与意义。

一个直播间要开播，一般有两种商品是必备的。一种是福利款，另一种是畅销款，其他 3 种一般用于对比和搭配。如果有这些商品会更好，实在没有也不用强求。

3.2 寻找对标账号

对标账号就是在某一行业或领域内具有一定影响力或具有一定粉丝数量的账号，通常是值得学习或借鉴的对象。每个领域内都有非常优秀的人，在刚进入自媒体领域时，若还没有足够的经验，可以寻找与借鉴和自己账号发展方向一致的头部账号。学习和参考这些优秀账号的带货短视频模式、直播方式及产品推荐方式等，以它们为标准，对自己的账号做出规划。

3.2.1 对标带货短视频

明确要带货的商品种类后,就需要确定带货视频的类型了。在不了解受众的偏好且没有经验时,可以寻找对标账号,研究他们拍摄的短视频类型,并学习数据较好、受粉丝欢迎的视频。目前网络平台上的带货短视频主要有 3 类,分别是测评类、种草类和剧情类,如图 3-8 所示。

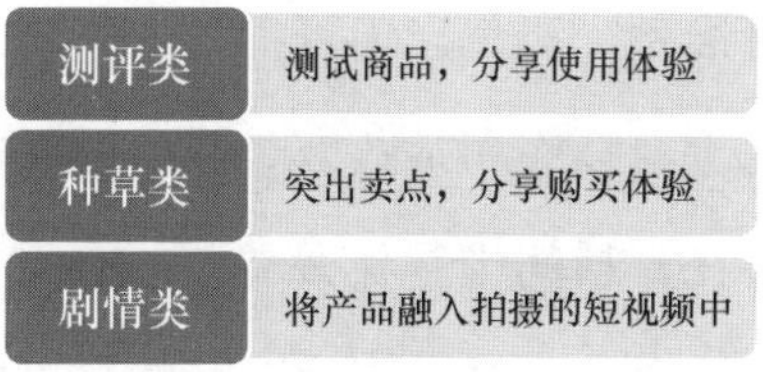

图3-8

测评类的短视频一般会通过测试某些商品,和观众产生共鸣,以获得观众的信任。或者将多种商品以相同的方式进行测试,对比商品的优缺点。这种类型的短视频一般很受用户欢迎,满足了大众对产品真实性的好奇心,也因为能够呈现产品的缺点,增加了可信度。通过长时间的信任积累,达到销售的目的。

种草类的短视频一般是以聊天的方式进行拍摄的,如朋友一般与用户分享自己购买的商品。种草类的短视频能够很容易地突出产品的卖点,其内容就是与大家分享某些商品,所以在聊天的过程中能非常自然地把商品的卖点描述出来,还能描述使用的效果。一般品牌更倾向于这类视频,因为可以将品牌想要突出的特点呈现出来。

剧情类的短视频会将商品融入日常拍摄的短视频中。这类视频对脚本和拍摄技术要求较高,视频要有趣、自然,才能吸引更多的流量。剧情类短视频的播放量和完播率一般很高,因为对于用户来说,这类视频是属于休闲娱乐时观看的。但是其销售数据可能不如测评类和种草类的短视频的销售数据,变现稍微困难一些。

对于没有加入MCN（Multi-Channel Network，多频道网络）机构和掌握专业技术的人来说，应优先参考测评类和种草类的短视频的优秀账号，剧情类的短视频拍摄难度大、转化率略低，对新人不是最优选择。

3.2.2　对标直播间和产品

短视频是经剪辑处理后才发布的作品，但在直播中是无法进行后期处理的，因此必须在直播之前做好准备，避免出现直播事故。新人容易掌握不好直播的节奏、用词，以及产品的定价、顺序和推荐方式等，可以多去对标账号的直播间观看并学习，了解对标账号在直播间推荐什么类型的产品，产品的价位如何，产品推荐的顺序是什么样的。同时，要注意观察对标账号直播的节奏、展示产品的方式、推荐产品的卖点、直播时长、讲话风格等。

例如，关于商品的定价，可以参考对标账号售卖的商品的价格，大致推算出对标账号拿到的成本价；再根据自己所拥有的资源，分析利润，判断自己的货源渠道是否实惠；也可以根据对标账号直播间中商品的价格，分析出受众群体能接受的价格区间。

不同"赛道"的直播风格也会有差异，可以通过对标账号，快速掌握自己所在赛道的风格。美妆商品对应的消费者大部分是女性，而女性群体又包括女大学生、职业女性、妈妈辈等。女大学生可能更青睐活泼、有趣的直播间，职业女性可能更偏向高端、专业的直播风格，妈妈辈可能对气氛热烈的直播间没有抵抗力。

通过观察对标账号的直播间，可以快速给自己的直播间明确方向，缩小需要自己摸索的范围。

3.2.3　如何寻找对标账号

在明确需要对标的账号内容后，可以通过如下3种方法寻找对标账号。

- **借助工具**。在一些专业的数据分析平台上，可以查到行业内比较优秀的主播。例如，使用飞瓜数据可以查看抖音、快手等平台的账号数据，了解哪些账号做得比较好，进行对标。

- **搜索关键词**。在平台内搜索与行业相关的词，可以查询到大量同类账号。一般平台会根据热度进行推荐，对于优先推荐的视频、账号等，可以进入主页查看，探寻是否有可借鉴之处。
- **借助大数据**。每个平台都有自己的推荐算法，会根据用户浏览的喜好，进行相关内容的推荐。平时多使用账号看自己所在行业的内容，平台就会推荐更多行业内热度高、质量高的账号。

学习对标账号是为了给自己账号的发展方向找到一些参考，并不要一味地进行模仿，而要结合自身情况，真正吸收有用的经验，并将其转换为自己的技能。注意，不要过于看重模仿，而失去了自身的风格与特色。

3.3 打造人设

人设即人物设定，基本设定包括性别、年龄、性格、喜好等。人设和个人 IP 有一些不同，需要清楚两者的区别。对于一个账号来说，成功打造了人设将会取得事半功倍的效果。个人 IP 和人设的概念，打造人设的维度，是打造人设前需要学习的知识。

3.3.1 个人 IP 和人设

1. 个人 IP

个人 IP 就是个人对某种成果的占有权，在互联网时代，它可以是一个符号、一种价值观、一个共同特征的群体等。关于个人 IP，网上有这样一段话："每个人都是产品，把自己当成这辈子最好的产品去打造。个人 IP 就是最好的护城河，一旦打造出来，很难被复制。在增量经济时代，或许个人 IP 的价值还没有完全展现，但在现在这个存量经济时代，品牌的价值就会体现出来。"

这段话可能让很多人觉得晦涩难懂。为了方便大家理解，举一个例子，提到雷军，首先联想到的是小米手机。当提到的某个人能让人们直接联想到某个领域、某个行业或者某个品牌时，这个人的名字就相当于一个IP。

个人IP不是只在某一个平台发挥作用的。如果雷军在抖音带货，那么他不用担心流量。如果他去快手，也会很火。

每个人都有可能成功打造一个个人IP。但是打造个人IP是一个漫长的过程，需要在某个领域深耕多年。当提到某个领域时，用户所想到的人可能是不同的，因为大家关注的博主不同。账号吸引的粉丝越多、所属领域越清晰，个人IP就形成得越快。

2．人设

我们经常会听到某些人打造人设的说法，例如电竞少年等。其实这些都是为了在短期内在观众心中塑造出一个形象。对于短视频账号，打造人设也是类似的，简单来说，就是让粉丝看到博主是一个怎样的人。言语犀利、活泼热情、接地气、专业等，这些都可以作为要打造的人设，在视频和直播中突出这些特点，可以加深观众的印象。

个人IP和人设之间存在包含关系，人设是个人IP的一部分。人设旨在让观众更快地接受你，是一种增加曝光的方式。使用一些场景、道具、账号简介，再加上视频拍摄风格和剪辑风格，就完成了初步的人设定位。

3.3.2 打造人设的维度

打造人设的维度如图3-9所示。

对于这些维度，不需要全部达到要求，一般考虑其中的几个就够了。

1．固定的人物分类

固定的人物分类，简单理解就是固定每个视频中出镜的人员。

图3-9

2. 外在形象

有时候会在视频中看到有些博主头上戴着风格独特的发卡,这是为了引起观众的注意,使他们能够快速地记住博主。在打造外在形象时,要关注两个方面,即衣服和饰品。穿的衣服可以选择运动风格、职业风格、居家风格、校园风格等,也可以选择固定的一套衣服。固定的饰品主要包括戒指、项链、帽子、墨镜等,具体要根据账号的类型决定。

3. 固定的语言形式

固定的语言形式主要包括固定的问候语和结束语,以及固定的方言。视频的开头和结尾分别应有固定的问候语与结束语。例如,视频的开头可以是"大家好,我是王老师,今天又是美好的一天";视频的结尾可以是"感谢大家的观看,希望视频能给你带来一些收获,谢谢大家,我们下节课再见"。这就是固定的问候语和结束语的一种常见形式。另外,还有固定的方言,如河南话、四川话等。如果想做一个搞笑类的视频,推荐使用方言,这可以增强喜剧效果。一般建议使用观众容易听懂的方言,如果观众听不懂,可能会直接离开。

4. 个性化的背景音乐

个性化的背景音乐包括轻音乐、摇滚乐、乡村音乐、民谣等。具体选用哪种音乐，需要结合账号的人设。如果制作"三农"类的视频，就可以选用乡村音乐；如果制作搞笑类的视频，就可以选择节奏感强一些的音乐。

5. 固定的视频内容

固定的视频内容包括自己的真人头像，固定的片头、片尾、水印等。增加相同元素出现的次数，可以加深账号在用户心中的印象。只有这些元素体现出账号的人设定位，才能起到很好的效果。

6. 特有的性格

温柔、乖巧、优雅都可以作为特有的性格。如果以上方向都不符合账号运营者的性格特点，那么用平时和人交流的状态来拍视频就可以了。

7. 职业

职业包括程序员、农民、医生、律师、教师等。根据账号的需要，塑造出能提升账号影响力的职业。例如，对于"三农"领域的账号，职业最好为农民；对于科普法律的账号，职业最好是律师。职业用于配合账号，增强可信度。如果没有合适的条件，也可以不用体现出职业这一维度。

第4章
账号搭建

拥有一个推荐的账号对运营视频号非常重要。账号起步时的权重等级并非完全相同，所以要了解清楚账号的权重等级，知道如何注册一个高权重账号，并在后续将账号"养"好。

4.1 账号分级

账号一般分为5个等级，如图4-1所示。

图4-1

1. 僵尸账号

"僵尸账号"最明显的特点就是播放次数低于100。如果账号连续一周发布的新作品的播放次数都在100以下，就可以被视为僵尸账号。僵尸账号基本上等同于"废号"，平台不会给这种账号发布的视频推送流量，甚至连账号的好友都看不到，发布的视频仅有的播放次数也是平台机器审核所贡献的。这种情况下一般直接注销账号，重新注册一个新账号即可。僵尸账号一般较少见，其实大多数账号的播放次数会在100以上，常年维持在100～500。

但是有一点一定要注意，若要将拍摄的视频发布到多个平台，操作不当，也会造成账号变为僵尸账号。例如，张三平时主要在抖音平台上发布视频并运营账号，他希望把比较满意的视频发布在快手平台上，但是他平时不怎么使用快手，只在发布视频的时候登录,一开始也许播放量还不错,但是过几天,他就会发现播放量降低到几十次了,这就说明账号已变为僵尸账号。因为平台想要的是稳定输出的创作者,如果只在发布视频的时候登录账号,平台就会判定这个账号只想免费获得平台的流量,甚至怀疑账号是机器人,慢慢地就不会再给账号推送流量了,也就造成账号被系统检测为僵尸账号。

2. 低权重账号

低权重账号比较常见,这种账号的特点是视频的播放次数一般为大于或等于100且低于500。无论怎么发布视频,播放次数都大于或等于100且不会超过500,过不了这道门槛的账号会被视为低权重账号。这种账号一般只会被推荐到低流量区域,所以很难有更高的播放次数。低权重账号发布的视频大多数是随手拍的,用来分享琐事或生活,事实上,不满足视频需要具备的三有原则。视频至少符合有价值、有趣、有共鸣中的一个,并且画质、音质清晰,才能获得更高的播放量。所以低权重账号需要专心提升自己的视频质量。

3. 中途降权账号

中途降权账号的特点是平时发布的视频的播放次数都大于或等于500且低于1000,某天突然就降低了,可能只有几百的播放次数。账号被中途降权的原因大概分为以下几类。

- 发布硬广告。
- 搬运别人的作品。
- 刷粉丝、刷互动等行为。

这种情况被称为"关小黑屋",只要后续不再继续违规,一般一周或两周播放量就能恢复正常。

4. 待推荐账号

待推荐账号的视频的播放次数一般为大于或等于1000且低于3000,偶尔也能推出小爆款视频,达到10000、20000的播放次数。这种账号只要持续发布垂直领域的内容，逐步提升视频质量，待粉丝量提升后就能被推送到更高的流量池。

5．待上热门账号

待上热门账号发布的视频的播放次数都稳定在 10000 以上。这种账号拥有一定的粉丝基础，对于那些有几十万、几百万粉丝的账号，视频播放次数通常会达到好几万。能创建这种账号，证明创作者已经掌握了运营账号的方法，后续学会"蹭热点"或者热门活动，就能稳步实现变现。

只要账号不是僵尸账号，就能使用原有账号继续发布视频，按照各个等级的特点和注意事项，稳定地提升账号的等级。

4.2 注册账号及完善信息

在注册账号时就要注重提升账号的播放量，确保有一个良好的开端，让后面的事项更加顺利。

4.2.1 如何起一个好名字

无论是微信还是抖音，在每个平台起名字都是让人发愁的一件事。如何起一个好名字呢？不妨从使用场景开始思考。首先，思考在什么时候会用到名字。

假如创建了一个抖音账号，想发朋友圈告诉大家，那么会用到名字；如果朋友听说我们开设了抖音账号，并且想要关注，就需要告诉对方我们账号的名字，方便他们搜索；当用户刷视频的时候，在视频的左下角比较显眼的位置显示的也是账号的名字；当一个观众通过视频进入账号主页时，首先通过名字判断账号的内容。

通过这些使用场景，引出好名字的三要素，即容易记、容易搜、容易懂，如图 4-2 所示。

图4-2

第4章
账号搭建

如果账号的名字很难记，用户在账号的店铺里购买商品之后没有记住账号的名字，当用户的朋友询问如何购买时，用户想不起来名字，无法分享，就会失去潜在用户。

另外，如果名字很长，包含生僻字或者繁体字，难以输入且长时间搜索不到，用户可能就放弃了，导致失去用户。

假设用户刷到视频，视频的内容是通过段子进行带货，但是账号的名字是"老王很帅气"，用户会在第一时间明白这个账号是专门卖水果的吗？不会。所以账号的名字一定要从用户思维的角度去思考，最大限度地方便用户。

基于好名字的三要素，为了方便理解，一般起名字的方法如下。

- **谐音+名称**。例如，"彭十六"，数字"十六"和水果"石榴"发音相似，运用了谐音的方法。

- **蹭大IP+名称**。例如，"无敌灏克"就直接借用某部电影里的人物名字。这个名字也有缺点，就是"灏"字可能不被大众所熟知，所以可视为反面例子。在起名字时最好不要起很难读、很难搜索的名字。

- **场景+人物**。这种方法很好理解，例如，对于"三农"类账号，可以叫农村小王或者山村老王，充分发挥想象，起一个符合账号定位的名字。

- **成语+选题方向+名称**。以"信口开盒"为例，这是一个开盲盒、做测评的账号。这种起名字的方法很有新意，并且使用一些常见的成语，非常好记。

- **产品属性+名称**。例如，"大码胖佳佳"很显然是售卖大码服装的账号。

- **名称+垂直领域方向**。例如，"多多的减肥日记"或"老王的田园日记"可以让用户在看到名字的第一时间了解账号内容的类别。

- **品牌名+日常认可口语词**。口语词就是大众经常说的词语，例如邻家小妹、小哥哥、小姐姐等。"果果家的小姐姐"就是按照这种方法起的名字。如果带货时有自己品牌的商品，就可以按照这种方法起名字。

- **职业+名称**。这种方法应该非常容易理解，例如"果农老张"，这样起名字可以突出职业，依靠职业给账号增加专业度，加强用户对博主的信任。
- **行业专家+名称**。"专家"是可以使用的，假如博主长期种植苹果且足够专业，就可以叫"苹果种植专家"。这种方法可突出专业性，打造人设。
- **店铺名**。直接用店铺名是可以的，如"哥维时尚男装"，但不建议这样做。因为这类名字的商业气息太重，用户一看到就知道是一个纯带货账号，没办法尽快和用户建立信任，所以尽量避免直接使用店铺名。
- **内容+名称**。以"种草丛"为例，"种草"是推荐的意思，用户一看到就知道该账号是一个分享各种生活好物的账号。

根据账号的需求与定位，可以选择适合的方法为账号起一个好名字。

最后还要注意一点，确定好名字之后，不要直接修改个人资料。先在搜索框里搜索一下，看看这个名字是不是已经有人在使用了，如果有人使用了，就尽量不要使用了，避免用户在关注的时候产生混淆，尽量保证自己的名字在平台里是唯一的。

4.2.2 什么样的头像最好记

头像应围绕账号的定位打造，要吸引人或突出产品，体现账号领域和风格。

1. 行业垂直

头像选择需要与账号中的商品密切相关。图4-3所示账号的头像就是"行业垂直"很好的代表，该账号是一个卖橙子的账号，直接使用看起来就很甜、很好吃、很诱人的橙子作为头像。用户不看该账号的视频，只看头像，就会有下单的冲动。

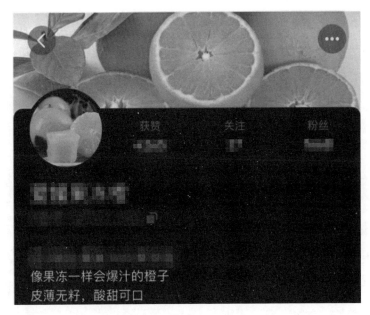

图4-3

2. 人物真实

使用出镜的真实人物作为头像,这与打造人设密不可分。一旦打造好人设,与用户建立信任后,用户更容易为账号里的带货商品买单。有一个卖茶叶的账号,账号是一位卖茶叶的大叔创建的,头像围绕人设来设计,直接用了大叔的自拍照,是一张没有应用美颜滤镜和各种修饰的照片。如果想打造真诚的人设,可以参考这个例子。

4.2.3 个人简介怎么写

个人简介是主页中呈现最多文字的地方,要充分利用个人简介。当用户通过视频进入主页后,需要实现用户转化,要么让用户关注账号,要么吸引用户在店铺里下单。通常来说,只有给用户提供价值,用户才会关注我们。所以在个人简介里一定要体现出自己能提供的价值,一般用一句话或者两句话来总结。写个人简介要关注3个维度,如图4-4所示。

图4-4

1. 写出价值

例如，可以让用户买到优惠、美味的水果，这就是能提供的价值。某个"乡村腊肉"账号的简介是"坚持传统手艺，传承正宗腊味，让你看得放心，吃得安心，感谢大家对传统腊味的支持"。让你看得放心，吃得安心，这就是能提供的价值。该账号不仅打造了价值维度，还提到"坚持传统手艺，传承正宗腊味"，将账号的人设提高了一个档次。

2. 写出真实

个人简介一定要真实，让用户对你产生信任。个人简介是建立信任的一种途径，用户通过简介中的描述能大概了解博主是什么样的人，应围绕人设写简介。一个东北"宝妈"的简介如图4-5所示。阅读这段个人简介好像在和博主聊天一样。个人简介传递出真实的博主信息，易于与用户建立信任。这个账号是一位"宝妈"运营的，她每晚直播，推荐的商品类型与她在账号上的人设紧密相关，这就是人设账号的强大之处。

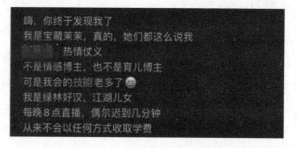

图4-5

3. 写出性格

性格是人设的一部分,是让大家记住的核心。可能很多人在销售同样的商品,要想与众不同,让大家能够在第一时间记住你,就要把自己的性格写出来。例如,锐意进取、外向活泼等。注意,一定不要写负面性格,应以正向引导为主,大众都喜欢正能量的事物。

某博主突出性格的简介如图4-6所示。读完后,你会感觉这个博主很有个性。某些用户可能不喜欢这种有个性的博主,但是关注这种博主的粉丝很可能会成为忠实粉丝,用户黏性会比较强。

图4-6

4.2.4 封面背景图制作

封面背景图也是主页中很重要的一部分,所占版面很大,不能忽视。封面背景图不是随便选择一张图片就可以了,需要根据账号定位选择,同时需要注意图片的尺寸。

1. 封面背景图尺寸

封面背景图一般也称为头图、封面图、背景图,是主页的背景图片。封面背景图有固定的尺寸,例如抖音的封面背景图尺寸是 1125×633 像素。但是这一尺寸的图片无法完整展示,会有一部分被隐藏起来,下拉才能看到完整的图片信息。在设置封面背景图时,应尽量将封面背景图的核心内容放在图片的中间位置,如图 4-7 所示,以避免重要的信息被遮挡,导致用户进入主页后,无法完整查看封面背景图。

图4-7

2. 封面背景图分类

常见的封面背景图主要分为 4 种类型，如图 4-8 所示。

图4-8

对于非摄影或者不是专门做图集的账号而言，优美风景这类封面背景图的意义并不大，一般不推荐使用。

一般推荐图书类账号使用重点语句这类封面背景图，这些账号经常会发布励志的名人名言。此外，有些账号在封面背景图里会展示自己的一些观点与看法，打造自己的人设。

引导关注这类封面背景图通过添加文字（如"戳这里""戳这里加关注"等）引导大家关注。在社交软件中关注别人时，可以留意一下别人是怎么引导关注的。

人物肖像这类封面背景图主要是为了打造人设，一些大博主会采用这种形式。

不同类型的封面背景图可以组合使用，例如，优美风景＋名人名言，优美风景＋引导关注，或优美风景＋引导关注＋人物肖像等。

4.3 养账号

注册账号后，如果没有正确操作或及时使用，那么账号的权重会变低。账号是需要"养"的，一方面是为了让平台知悉账号的使用者是一个真实的创作者，另一方面是为了在养账号的过程中，为以后的创作多积累一些素材和灵感。

1. 如何养账号

养账号就是正常地使用软件，像普通用户一样进行点赞、评论、关注等操作。当用户使用的账号发布的作品经常被点赞、评论、转发时，该用户会被系统识别为重度用户。重度用户是经常在软件上活跃的人，这也是系统评定账号等级时会考核的一部分。

因为账号在后期将用于短视频带货，所以养账号时不能漫无目的地刷视频，需要有明确的目标。养账号时，要多刷同行业的视频。例如，"三农"领域的带货博主可以多刷与"三农"相关的视频；美食领域的带货博主可以多刷与美食相关的视频。

在刚开始使用账号时，要刷到细分领域的视频，可以主动搜索相关问题。例如，要刷到"三农"领域的视频，可以搜索怎么挑选比较甜的西瓜，猕猴桃和奇异果有什么区别，怎么快速剥柚子等。在主动搜索后，平台会识别出账号有类似的需求，就会推荐相关领域的视频。当看到比较喜欢的视频时，记得点赞、评论，这样系统就会明白账号的使用者是喜欢这类视频的，后续会推荐更多类似的视频。

养账号一般需要5～7天，每天在平台浏览半小时以上，这个要求比较容易满足。

2. 建立素材库

在刷视频、养账号的过程中可以同时学习别人如何拍视频。最开始进行拍摄时，要学会模仿。如果想要卖橙子，就去搜橙子，看看相关的博主是怎么拍视频的，模仿他们的创意。当有优秀的视频或拍摄方式时，可以收藏，方便以后寻找灵感。

注意，不要只刷同行业的视频，例如，"三农"领域的带货博主就只刷关于水果、蔬菜、茶叶的视频。其实，带货型的账号都属于短视频带货领域，平时在刷到其他行业的带货视频时，也可以点赞或收藏，学习他们的创意灵感或他们的带货技巧、介绍产品的方法等。因为在单个行业内思路很容易被限制，可能会出现怎么拍也没有多少花样，所以要经常刷其他行业的视频并学习，从而为自己的拍摄提供灵感。当浏览的视频、直播足够多时，就能了解丰富的带货方式，建立自己的素材库。

第 5 章
选题策划

同样拍摄带货短视频,有些博主拍摄的视频很吸引人,主题突出、内容丰富、文案有趣,而有些博主拍摄的视频让用户一看就直接略过。要使视频的播放量高、带货效果好,需要掌握写脚本的方法,同时学会巧妙地"蹭热点"。

5.1 常见的3种脚本撰写思路

在视频拍摄前,需要先准备脚本。准备好脚本后再拍摄视频会省去很多无效的工作,拍出来的视频剪辑后也会很流畅。常见的带货视频的脚本有3种主要类型。掌握撰写方法后,根据账号定位,写脚本的思路会更清晰。

5.1.1 晒产品

晒产品听起来很简单,好像直接拿起手机对着产品拍就可以了。事实上,产品有不同的拍摄角度和方式。下面总结两种拍摄思路。

第一种拍摄思路是通过反驳不良言论或回答用户疑问宣传自家的产品。图5-1中的视频片段是某个卖苹果的账号发布的。首先,视频封面中博主拿着注射器对准苹果就很容易引起用户的好奇心。视频开头的内容是"都说我家苹果注水了",进一步激发用户的好奇心。接着,展示用注射器向苹果注水,但是根本注射不进去,证明苹果是无法注水的。最后,展示吃苹果,苹果的汁很多,证明自家苹果又大又红又多汁。这既吸引了用户,又反驳了不良言论,还表现了产品的优势。

这种思路通常是通过反常识的封面和内容吸引用户的注意,激发其好奇心,从而达到宣传的目的。

第二种拍摄思路是在展示产品的同时,通过场景演绎突出产品卖点。图5-2对应的视频中,买家用100元买柠

图5-1

果，卖家问："是否确定用100元购买？"买家说："怎么？100元吃不起呀！"卖家说："我是怕你吃不完。"看到这里大家可能就疑惑了，毕竟在大家的印象中，杧果是偏贵的水果，但是在卖家这里，居然可以达到吃不完的程度，那100元能买多少杧果呀？然后，卖家将杧果一箱一箱地往买家手上放，用户也会不自觉地看下去。通过场景演绎的方法，突出产品的实惠。

图5-2

晒产品不是盲目地去拍摄、展示产品，创作者需要从账号定位和产品的核心卖点思考选择哪种拍摄思路。对于上述两种晒产品的视频，用户看完之后就能对产品留下深刻印象。第一种主要突出产品品质好，第二种主要突出产品价格实惠。

5.1.2 教知识

教知识的视频是通过分享大家不熟知但有用的小知识展示产品。用户即使不购买产品，也能学到新的知识。对于用户来说，这是有价值的。这类视频也是带货视频中常见的一种。

图5-3对应的视频展示了去猕猴桃皮的方法。当去猕猴桃皮时，没有掌握方

法会比较麻烦,但是掌握了视频中分享的方法后,去皮就会很方便。用户看视频之后会想要尝试,即使不买产品,但想到以后可能会用到,也会顺手收藏视频。

图5-3

分享的小知识会让观众感到视频是有价值的,相比单纯的推销,观众更有可能观看下去,甚至点赞、收藏、分享,这样就达到了宣传的目的。

5.1.3 讲故事

讲故事对打造人设很有帮助,通过讲述自身或品牌的故事,打造出需要的形象设定。图5-4对应的视频讲述了一名小姑娘在山上买橙子,被虫子叮咬,患了丘疹性荨麻疹,在村民的帮助下才克服了困难的故事。通过这样的故事,观众能感受到小姑娘十分坚强,并且热爱生活。这正是观众希望看到的,大家都喜欢积极向上的人,视频还展现了买的橙子,虽然视频的主要内容不是带货,但是顺带进行了广告宣传,这就是一个十分优秀的故事型脚本。

讲故事的视频还有一个优点,那就是趣味性强。相对于单纯的广告,一个连贯的故事的吸引力更大,当观众沉浸在视频中时,思路也会和视频保持一致,对产品的认知也会受到视频的影响。

图5-4

5.2 三段论文案

视频的核心是文案。通常,视频的制作流程是确定选题、写文案、拍视频、剪辑视频。所以,需要先写好文案,再拍视频。尽管有些博主能做到出口成章,但就目前而言,大部分博主做不到。因此,在拍视频前一定要写文案。

在初期写文案时,若没有足够的经验,难以准确把握粉丝的喜好,建议使用适用范围较广、上手难度较低的文案——三段论文案。三段论文案的字数控制在300以内,拍摄出来的视频时长一般不会超过一分钟。

三段论文案把文案分为开头、中间和结尾3个部分。该文案的写法如图5-5所示。

图5-5

在开头留住用户的方式有很多种,开头提问是留住用户最简单、最直接的方式之一。问题能激发用户的好奇心,有可能把用户留下来。

这种做法的专业名称叫"爆点前置",即把视频中最精彩的部分放到视频的开头,直接留住用户。例如,一些美食博主先在视频的开头展示自己做好的饭菜,再展示详细的做饭过程,这就属于爆点前置。

在中间讲故事主要回答视频的开头让大家关心的问题。

在结尾吸引用户也有很多种方式。可以吸引他买商品,也可以吸引他和你互动(点赞、评论等),还可以让他关注账号。例如,"你对这件事有什么看法?咱们评论区聊聊",或者"关注之后,老王带你吃更多好吃的水果"等都是可以放在结尾的吸引用户的内容。

想写出三段论文案,平时要多积累和练习。

5.3 选题如何蹭热点

蹭热点是短视频博主的重要技能。如果能成功蹭热点,就能获得庞大的流量。因此,要随时关注当下的热点是什么,并掌握如何蹭热点。

5.3.1 蹭热点的注意事项

现今网络发达,每天都有不同的热点,但并不是每个热点都适合蹭。要把握好尺度,以免引起粉丝的反感。蹭热点的注意事项如图5-6所示。

1. 忌盲目蹭热点

一定不要为了蹭热点而蹭热点。实际上,某些领域或有明确定位的账号可能完全不适合蹭某一热点。

例如,有足球方面的热点,可以直接蹭热点的是体育领域的账号,借着热点,这类账号可以制作相关的视频,推荐足球运动、与足球相关的图书及场馆等。然而,如果账号是"三农"领域的账号,与热点没有契合的内容,硬蹭可能会引起大家的反感。

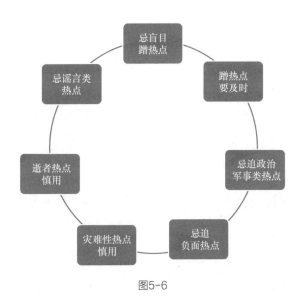

图5-6

所以应该根据具体的领域，能蹭就蹭，不能蹭则不要勉强。如果有关联性高的热点，想好话题和切入点，快速地关联。

2．蹭热点要及时

蹭热点一定要及时，热点一般都具有时效性，所以蹭热点越快越好，且平台可能会给热点事件一些支持。但是，大众毕竟不是专业的自媒体人，可能无法及时了解发生的热点事件。一般在具体事件发生后的6～12小时内是蹭热点比较合适的时间。当然，有些极具讨论性的热点能持续一到三天，甚至更长时间。

总而言之，蹭热点一定要及时，待热点失去时效性，发布的作品就发挥不了明显的效果。

3．忌追政治军事类热点

不要追与国家政治、军事等相关的热点，当涉及国家主权、民族、地域等时事问题时，不管是普通事件还是热点事件，都不能触碰。因为此类事件已经上升到国家层面，不适合自媒体人在互联网上讨论。此外，不能在一些重要的时间节点发表涉及时事、政治的负面言论。

一般的账号不允许发布这种类型的视频,即使审核通过,视频发布出来,账号也可能会被扣分、降权、封禁等,得不偿失。

4. 忌追负面热点

不要追负面热点,例如涉黑、涉恶等。发布这类内容会被平台视为触碰敏感问题,轻则审核不通过,如果性质严重,则会被扣除信誉分、受到处罚或限流。

账号发布的内容最好是积极向上的,即使是针对负面热点的讨论,也容易有观点不一致、思想有偏颇等问题,引发不必要的争吵,给账号带来负面的影响。

5. 灾难性热点慎用

尽量不要追灾难性热点,天灾人祸这类事件是大众不希望发生的。因为我们不是专业的新闻媒体,无法获取第一手的资料,所以尽量不要蹭这类热点。然而,可以借助这类热点做普及安全知识的视频。

6. 逝者热点慎用

逝者热点慎用,用逝者蹭热度的这种行为缺乏对逝者的尊重和敬畏。

若确实有需求,可以写一些赞扬的内容,但是发布的内容需要注意两点。

- 内容真实,避免抄袭。
- 内容准确,发布之前进行核查。

7. 忌谣言类热点

不要蹭谣言类热点,或者一些完全与事实不相符的事情,这些是要杜绝的。

每个平台都有针对谣言的处罚,一旦被发现,就会被封禁。即使侥幸没被封禁,账号也会被限流,从而失去粉丝的信任。此后,该账号基本上就很难再发展起来了。

5.3.2 如何找热点

不运营账号的时候,大家可能很少关注反映当前热点的页面。大部分平台设有专门的热点排行榜,整理了当日的热点事件,方便大家观看。

在制作短视频时，最重要的热点获取平台之一是抖音。抖音热榜是需要重点关注的地方。在抖音热榜中，可以看到当天的热点，并且热点排名是不断更新的，建议经常查看，看热榜中有没有可以蹭的热点。

除此之外，其他平台中的热点在抖音中也可能再次成为热点。因此不能只看一个平台的热点排行榜，还要看看其他平台的热点排行榜，微博热搜、百度热搜、B站（全称哔哩哔哩）热门等都是获取热点的途径。

微博热搜中娱乐性新闻比较多，实时性也比较强。

百度热搜的覆盖面比较广，社会事件、天气情况、体育新闻、奇闻逸事等都会收录进去。

B站热门更符合年轻人的"口味"，内容更偏向动漫、平台优秀剪辑和爆火的视频等。

除了这些平台外，平时在生活中听到相应的新闻和一些热点话题时，可以想想它们是否与自己的创作领域相关，有没有可以蹭到的热点。如果有，一定要及时进行视频创作。

5.3.3 如何预见热点

并非所有热点都是突发的，一些热点是可预见性热点，可以分成3类，如图5-7所示。

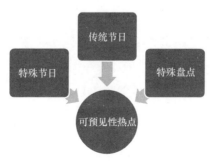

图5-7

1. 传统节日

传统节日可以蹭的热点相对固定，一般为关于南北方差异的一些讨论。以端午节为例，北方人吃甜粽子，南方人吃咸粽子，相关的视频在传统节日来临时，会引发广泛的讨论。除此之外，还有一些传统节日的习俗，像春节放鞭炮、端午节赛龙舟、中秋节赏月等。因此，围绕这些可能成为热点的话题准备视频，在传统节日临近或节日当天发布，很有可能会获得更多的流量和曝光。

2. 特殊节日

特殊节日也是备受关注的，例如，"双十一"狂欢节、"618"大促、年货节等，在这些特殊节日临近的时候，可以准备一些特殊的视频来蹭热点。对于带货短视频来说，这些特殊节日的热点很容易利用。

对于母亲节、父亲节这样的特殊节日，可以提前准备相关的视频。

3. 特殊盘点

在每一个阶段，都会有一些特殊盘点，例如，最热门的音乐、最热门的游戏、最热门的产品等，这样的内容很多是可以预料到的。

例如，夏天马上就要来了，可以盘点夏天最不能错过的 5 种水果。这类热点可以针对自己的账号领域去做。

第 6 章
视频与照片拍摄

掌握了前期学习的相关知识，就到了动手拍摄的阶段。要拍摄出满意的视频，既要有设备的支持，也要掌握拍出好看的商品展示图和视频的技巧。

6.1 设备选择

拍摄视频必须使用一些设备，但并不是只有专业的设备才可以完成拍摄，拍摄短视频的门槛较低，很多人使用基础的工具也能拍出优秀的作品。

1. 手机

拍摄短视频常用的设备是手机。手机可以分为两类，一类是苹果手机，另一类是安卓手机。日常使用的手机只要操作流畅，拍出的视频内容清晰，就是可以直接使用的。建议购买存储空间较大的手机，因为视频文件往往较大，容易占用空间，空间不足会使手机卡顿。

2. 自拍杆

经常在户外拍摄视频的博主会用到自拍杆，如图6-1所示。有时候需要拍摄全景，手持相机或手机拍摄时距离太近，呈现的效果不佳，可以使用自拍杆来增大距离。

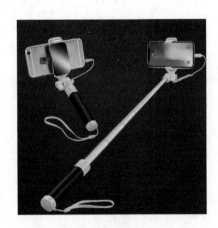

图6-1

3. 稳定器

稳定器用于减少拍摄时画面的抖动,是一种专业的设备,如图6-2所示。同样,经常在户外拍摄或需要手持设备的拍摄者会用到稳定器,它可以大大提升拍摄的画面质量。

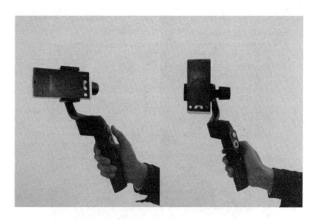

图6-2

4. 领夹传声器

领夹传声器也叫作"小蜜蜂",是一种小型传声器,可以夹在衣领或需要的位置,有有线和无线两种款式可供选择,如图6-3所示。它的作用是使拍摄的视频音质更高。如果要在户外拍摄,可以购买。对于音乐类账号等对音质要求比较高的账号类型,需要高质量的领夹传声器。

图6-3

5. 补光灯

补光灯是用来打光的。光照是影响视频清晰度的重要因素。在室内拍摄，如果光照不足，就要使用补光灯来打光。图6-4所示的补光灯较常见，一般只需10～20元就能买到。专业摄影师使用的补光灯更多、更专业，价格也更高。在拍摄前期，要尽量降低设备的投入，如果有需要，先买价格较低的普通补光灯。

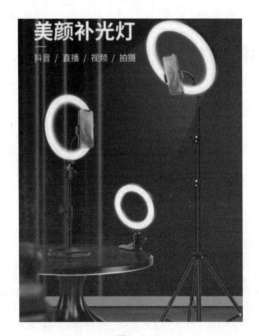

图6-4

6. 三脚架

三脚架可以将手机或相机固定在特定的高度、位置上，如图6-5所示。对于单人进行拍摄的拍摄者来说，三脚架是必备的，它不仅方便拍摄者将双手解放出来，还方便拍摄者寻找拍摄角度。在购买时，可以优先考虑手机、相机通用的三脚架。

对于没有相机的博主，建议购买自拍杆、三脚架一体的产品，如图6-6所示。这样的产品比相机的三脚架更加便携，同时非常实用。

| 第 6 章 |
视频与照片拍摄

63

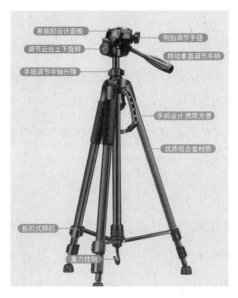

图6-5

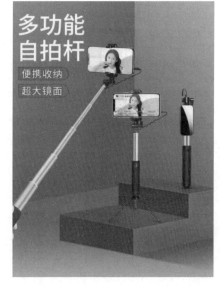

图6-6

6.2 视频拍摄

除了坐着不动和粉丝聊天的类型之外,视频类型最好有一些镜头的变化。通过运镜可以让视频质量更高,画面更丰富。运镜方式主要有 5 种,如图 6-7 所示。

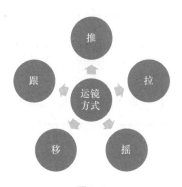

图6-7

6.2.1 推

推镜头(简称推)是指将镜头推向被摄对象,在这个过程中,被摄对象在画面中被逐渐放大,细节会逐步显现出来。这种运镜方式会将被摄对象从整个画面中突出出来,将背景与无关的元素都排除在外,起到强调的作用。

在推时,镜头的运动轨迹和人眼走近观看的轨迹相似。在拍摄时,使用这种运镜方式,能够让观众产生自己凑近观看的感觉,更有代入感。

6.2.2 拉

拉镜头(简称拉)和推镜头相反,是指将镜头逐渐拉远,与被摄对象的距离会越来越远。这种运镜方式能更好地展现被摄对象与环境的关系,从被摄对象开始,画面范围逐步扩大,将环境慢慢地呈现出来,由小及大,会有缓缓揭开谜底的效果。

拍摄大全景的时候,也常使用这种运镜方式,比起直接拍摄整个环境的视频,用这种运镜方式拍摄出的视频会更生动。

此外,从特写镜头转换为其他镜头时,会通过拉镜头过渡,使镜头的变化更自然。

6.2.3 摇

摇镜头(简称摇)是指保持镜头的位置不变,原地旋转镜头,拍摄周围的环境。因为摇镜头和人眼环视四周相似,所以这种运镜方式更多以第一视角的方式运用,使观众的代入感更强。

这种运镜方式在短视频中一般用来展现某个空间的全貌,在环境的呈现方面,摇镜头产生的空间感比拉镜头产生的空间感更强。

6.2.4 移

移镜头(简称移)是指被摄对象位置不变、镜头的角度不变,移动镜头的位置。这种运镜方式的自由度很高,使用率也很高,在拍摄中很常见。

在通过移镜头进行拍摄时,随着位置的移动,镜头可能会不稳定,画面可能会抖动,从而影响画质。这时,可以借助稳定器保持镜头稳定,确保拍摄的画面质量。

6.2.5 跟

跟镜头(简称跟)是指镜头随着被摄对象的移动而移动。这种运镜方式的跟随感很强,令观众感觉置身于场景中。

在短视频中,这种运镜方式常见的使用场景是探店博主、美食博主外出拍摄,一人手持镜头,一路走、一路拍,仿佛与朋友一起外出,边走边聊,这能拉近与观众的距离。

6.3 照片拍摄

带货形式不局限于短视频,很多平台也有图文的形式,因此拍摄照片也是一个很重要的技能。照片拍摄主要涉及构图。主要的构图方式如图6-8所示。

图6-8

1. 对称构图法

对称构图法是使拍摄的画面呈现对称效果,如图6-9所示。因为我国文化讲究对称美,所以这种构图方式很受欢迎,在拍照中也比较常用。

图6-9

对称分为上下对称和左右对称。对称构图法适用于本身具有对称性的建筑或风景。对称构图给人安定、平稳的感觉,适合在比较庄重和严肃的场合使用。

2. 中心构图法

中心构图法是将被摄对象置于照片的中心位置,如图6-10所示。中心构图法可以突出主体,拍摄产品图片时一般会用到中心构图法,使照片简洁、主题明确。

在构图时,要让被摄对象在画面中占据的比例大一些,否则会使主体和背景融为一体,起不到突出主体的效果。同时,要让背景尽量简洁,若背景过于杂乱,就会影响整体效果。

图6-10

3. 三分构图法

三分构图法是指在构图时将画面分为3部分,将被摄对象放在其中的一条线上。三分构图法有纵向和横向两种，分别如图 6-11 和图 6-12 所示。

图6-11

图6-12

使用三分构图法会让画面有一些留白，层次感会更强。

第 7 章
视频剪辑

剪辑是做账号必备的技能，因为大部分人很难拍出可以直接发布的视频，大部分作品需要经过剪辑才能发布。剪辑不仅要将视频拼接得流畅，还要给视频制作封面、配上音乐、加上字幕等。在平时，有合适的音乐可以积累起来，形成自己的素材库，方便日后剪辑时使用。

7.1 视频剪辑、配乐和字幕制作

拍摄出的视频需要经过基本的剪辑，不仅要将拍摄出的视频按照脚本剪辑成一个流畅的视频，还要添加字幕、音乐、特效等元素。这些元素不是必备的，根据视频的类型、需求，合理地添加到视频中即可。本节主要讲解视频剪辑、配乐和字幕制作。

7.1.1 视频剪辑

一提到视频剪辑，很多新手就感到头疼，似乎需要进行系统学习才能制作视频。其实剪辑视频非常容易。现在手机里下载的视频剪辑软件就可以满足初期运营账号的基本需求。手机应用商店里的视频剪辑软件五花八门，但是功能实用、操作简单。下面介绍一些常用的视频剪辑软件，大家可根据需求自行选择。

Adobe Premiere Pro（简称 Pr），是由 Adobe 公司开发的一款视频编辑软件，其图标如图 7-1 所示。它既适合视频编辑爱好者，也适合专业人士，是视频剪辑领域中非常经典的视频编辑工具。Pr 提供剪辑、调色、字幕制作、输出功能，并可以与其他 Adobe 软件进行协作。它既能满足基本的剪辑需求，也能满足专业的剪辑需求，让用户创作出高质量的作品。

图7-1

乐秀的功能非常丰富，包括修图、抠图、视频剪辑、打马赛克、动态字幕生成、格式转换、视频压缩等，其图标如图 7-2 所

图7-2

第 7 章
视频剪辑

示。但不足之处是部分功能只有开通会员才能使用。

爱剪辑是一款快速的音视频编辑软件，其图标如图 7-3 所示。这款软件支持视频剪辑、拼接合成、AI（人工智能）语音识别、卡点视频制作等功能。

图7-3

剪映是笔者使用频率最高的手机视频剪辑软件，其图标如图 7-4 所示。剪映是抖音官方推出的一款手机视频剪辑软件，功能较全面，操作简单，适合剪辑新手使用。

下面介绍如何利用剪映进行视频剪辑。

图7-4

（1）在应用商店搜索并下载剪映，如图 7-5 所示。

（2）打开剪映，单击【开始创作】按钮，如图 7-6 所示，导入想要剪辑的视频、音频、照片文件，就可以开始短视频的剪辑工作了。

图7-5

图7-6

7.1.2 配乐

剪辑完成的视频需要配上适合的音乐，不同的音乐可以为视频烘托出不同的气氛，传达出不同的情绪。注意，选择的音乐需要与视频的内容契合，否则观众看视频就会感觉视频与音乐是单独的两个元素。

1．常见的音乐类型

常见的音乐类型分为 5 种。

- 轻松舒缓类，常用于风景类的视频。
- 幽默欢快类，常用于搞笑视频。
- 硬核知识类，一般知识类博主应用比较多。
- 悬疑推理类，常应用在影视解说中，有时传授知识的视频也会使用，但是不太常见。
- 情绪激昂类，一般演讲用得比较多，有时领导发言会使用情绪激昂的背景音乐来烘托气氛。此外，卡点视频有时也会用到这类音乐。

2．如何给视频添加音乐

在刷抖音时，如果频繁听到某首音乐，就证明这是当下热门的音乐。若使用这首音乐作为背景音乐，就可以蹭这首音乐的热点。此外，在抖音中，以往的热门内容可能再次成为热门内容，音乐也不例外，一些以前的热门歌曲也是可以使用的。

下面介绍如何把抖音上一首喜欢的歌曲应用到自己的作品中。

（1）在抖音中，单击左下角滚动的字幕，如图 7-7 所示。

（2）进入原声对应的界面，单击左上角的播放按钮，确认与刚才听到的歌曲一致，单击五角星形的收藏按钮，如图 7-8 所示。

（3）返回首页，选择【收藏】→【音乐】，可以看到收藏的歌曲。在发布视频时，即可选择已收藏的音乐并应用。

有时候视频和背景音乐被剪辑在一起，无法直接得知视频里背景音乐的名称，

|第 7 章|
视频剪辑

如果想要使用它的背景音乐,可以使用音乐软件中的听歌识曲功能获取歌名。然后,在抖音中搜索歌名,听一下它是不是想要的歌曲,若是,则单击收藏按钮,如图 7-9 所示。

图7-7

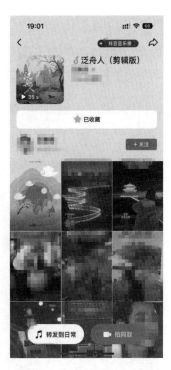

图7-8

图7-9

7.1.3 字幕制作

在观看没有字幕的短视频时,观众可能听不清人物说的话。因此,需要为视频添加字幕,保证几乎所有观看该条视频的观众都能够明白视频想要传达的意思。如何借助工具快速制作视频中的字幕呢?

(1)打开剪映,单击【开始创作】按钮。

(2)选择【文字】→【识别字幕】,单击【开始匹配】,剪映会自动对视频中的语音进行识别。如果视频没有配音,就单击下方的【新建文本】,进入文字编辑页面,添加文字,如图7-10所示。

(3)如果对字体不满意,可以单击文字,调整字体样式,如图7-11所示。

图7-10

图7-11

(4)单击"√",字幕即可添加到对应的视频画面中,如图7-12所示。

(5)单击字幕,拖曳字幕的两边即可调节字幕显示时长,长按字幕并拖曳即可调整字幕的位置，如图 7-13 所示。重复上述步骤，即可给视频的每一帧画面添加字幕。

图7-12

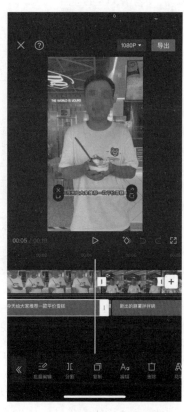

图7-13

7.2 视频封面制作

若制作完成的视频拥有好看、统一的封面，就能够提升账号的专业度。此外，统一的视频封面不仅可以让主页清晰明了，还可以加强主播的个人风格。用户在主页中能够快速找到想看的内容，这更容易引发用户的关注。

3 种常见的视频封面如图 7-14 所示。

图7-14

第一种视频封面的标题的字体不一致、字号大小不一致，几乎每个视频封面上都有肖像，但肖像的大小和形式不一致，主页看起来不太整齐。

相对于第一种视频封面而言，第二种视频封面的一致性更强。在这种视频封面中，为标题加了灰色背景，标题在视频封面中的位置基本一致。

第三种视频封面是这三种视频封面中一致性最强的，标题的字体和字号一致，都带有灰色背景，标题的位置也是固定的。除此之外，还加入了肖像，肖像基本上使用博主的单人中景镜头，妆造也基本相同，使主页非常清晰。

7.2.1 制作封面

制作封面很简单，熟练掌握了制作方法后，制作一个封面只需几分钟，使用剪映即可完成操作。

（1）打开剪映，单击【开始创作】按钮，如图7-15所示。

第 7 章
视频剪辑

（2）添加视频，单击左下角的【剪辑】按钮，如图 7-16 所示。

图 7-15

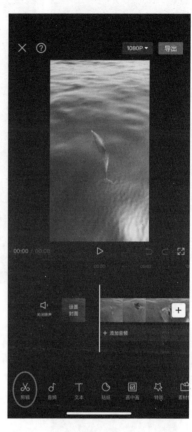

图 7-16

（3）选择要为其制作封面的画面，如图 7-17 所示。画面最好不带字幕，以免和标题文字重叠，使封面杂乱。

（4）选中视频，向右拖动最下方的导航条，找到【定格】并选择它，可将选中的画面定格，【定格】会将选中的画面自动扩充为 3.0s，如图 7-18 所示。

（5）选中画面并停留几秒或长按画面，将定格的画面移动到视频最前方，如图 7-19 所示，使用【分割】功能分割出 0.1s，将剩余的部分删除。

图7-17

图7-18

图7-19

（6）找到【画中画】并选择它，如图7-20所示，单击【新增画中画】按钮，选择【素材库】标签，如图7-21所示，选中白色背景图，将其添加到封面中。

图7-20

图7-21

（7）将白色背景图放大到和屏幕宽度一致，如图 7-22 所示，将白色背景图的播放时间调整至与封面的播放时间一致。

（8）拖动最下方的导航条，找到【不透明度】，将白色背景图的不透明度调整到 50% 左右，如图 7-23 所示。

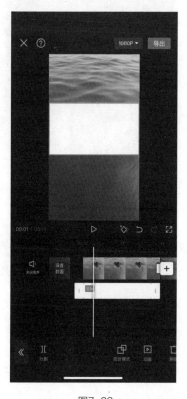

图7-22

图7-23

（9）回到视频的开头，选择【文本】按钮，如图 7-24 所示，给视频添加标题。

（10）输入自己想要的标题，并且调整文字的样式、大小、颜色等，将文字的播放时间调整至与封面的播放时间一致。完成后，将播放指示线拖动到视频的最前面，单击【设置封面】按钮，如图 7-25 所示。

（11）导出视频，一个带封面的视频就制作完成了。

图7-24

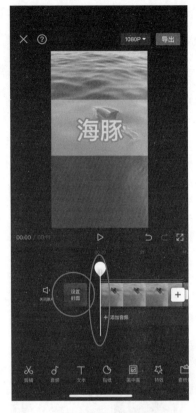

图7-25

7.2.2　制作封面模板

每次都重新制作封面不仅花费时间，而且很难保证标题的位置完全一致，所以可以制作一个封面模板，每次制作封面时对文字进行对应的修改即可。具体步骤如下。

（1）打开剪映，首页会显示之前制作的视频，右边会显示"："，如图 7-26 所示。

（2）单击"："，选择【重命名】，如图 7-27 所示，将视频按照封面样式进行命名，保存即可。

（3）单击模板，将模板中之前的视频删除，添加新的视频，单击文字，进行

| 第 7 章 |
视频剪辑

更改，如图 7-28 所示。

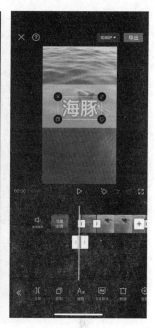

图7-26　　　　　　　图7-27　　　　　　　图7-28

7.2.3　套用封面模板

除了自行制作封面模板外，剪映还提供了大量的封面模板。使用者可以根据需求挑选适合的封面模板，经过简单的调整就可以将其应用在自己的视频中。这种方式不仅快捷，还能够为不擅长制作封面的使用者提供优质且美观的封面。具体操作方式如下。

（1）打开剪映，单击【开始创作】按钮，选择要制作封面的视频，并单击【设置封面】按钮，如图 7-29 所示。

（2）进入封面制作界面，选择【封面模板】即可看到多种类型的封面模板，如图 7-30 所示。

（3）选择适合视频的封面模板，并单击 ✓ ，完成模板选择，如图 7-31 所示。

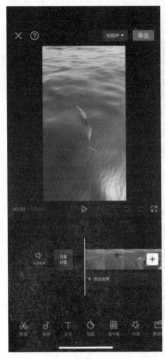  

图7-29　　　　　　　　图7-30　　　　　　　　图7-31

（4）可以通过视频帧设置封面，左右拖动下方的导航条，选择比较满意的画面即可；也可以通过相册导入设置封面。根据需求，更改封面模板的文字内容，完成以上操作后，单击【保存】按钮。

（5）导出视频，用封面模板制作视频封面就完成了。

第 8 章
视频发布

视频剪辑完成后,下一步便是进行视频发布。然而,视频发布并不是简单地将视频上传到平台,因为平台的算法会通过标签将视频推送给特定的群体,所以为账户和视频设置精准的标签有助于获得更高的播放量。

8.1 视频发布流程

完成视频剪辑后,将视频保存到手机相册中以便进行后续的视频发布。具体视频发布流程如下。

(1)打开抖音,单击下方带加号的按钮,如图 8-1 所示。

(2)单击【相册】,选择剪辑好的视频,单击【下一步】按钮,弹出的界面如图 8-2 所示。

图8-1

图8-2

(3)单击【添加标签】,出现图 8-3 所示的界面。

(4)选择【商品】,选择要添加的商品,编辑推广信息的标题,如图8-4所示,单击【确定】按钮。推广标题即视频发布后"小黄车"展示的文字。注意,上架的商品需要出现在视频中。

图8-3

图8-4

(5)输入文案,单击【添加话题】,界面中会展现系统根据视频内容自动生成的标签,例如,零食推荐、追剧小零食等。根据视频内容,选择贴合内容的标签,如图8-5所示。

图8-5

(6)单击【发布】按钮,完成视频发布。

注意:账号发布规则如下。

当粉丝数量范围为[1 000,3 000)时,每24小时最多发布两条电商视频。

当粉丝数量范围为[3 000,10 000]时,每24小时最多发布5条电商视频。

当粉丝数量大于10 000时,每24小时最多发布10条电商视频。

8.2 如何带标签和话题

为了使视频能够被更多人看到,在视频发布后,根据视频内容,挑选适合的话题,增强传播效果。此外,为账号打上精准的标签有助于发布的视频被平台精准地推送给用户。

8.2.1 短视频平台的双重标签

以抖音为例,平台的双重标签是指兴趣标签和创作者标签。抖音平台会根据标签推送机制,向定向群体推送视频。例如,若用户是"三农"领域的创作者,平台就会把其视频推送给对"三农"领域感兴趣的其他用户。

兴趣标签指的是用户日常生活中感兴趣的内容的标签。即使用户不清楚自己对哪些方面的内容感兴趣,平台也能够通过后台建立的个人信息库确定个人兴趣标签。兴趣标签包括时尚、美食、剧情演绎等。在抖音的创作者服务中心,创作者能够看到粉丝的兴趣标签,这是创作视频内容的依据之一,如图8-6所示。

创作者标签也称为内容标签,是根据用户发布的视频内容来确定的。例如,若用户发布"三农"领域的视频,平台的算法会根据视频提取出"三农"和"泛生活"等相关标签。

| 第 8 章 |
视频发布

图8-6

8.2.2 打创作者标签的 3 种常见方法

当账号被打上创作者标签后,平台可以根据算法将视频推送给可能对其感兴趣的用户,从而进一步增加视频播放量。本节将介绍 3 种常见的打标签方法。

第一种方法是长期输出同领域内容。这种方法是最简单的,平台的算法会根据用户长期输出的内容,以及视频对应的点赞、评论和转发情况,自动打创作者标签。但是这种方法存在不确定性。算法的识别过程没有具体的时间和视频数量要求,如果视频质量较低,则需要较长的时间才能打上标签。

第二种方法是买推广加速打标签。这种方法相当于给账号打广告。采用"投放DOU+"的方式,100元可以提升5000次左右的播放量。具体如何投放DOU+,将在第9章讲解。

第三种方法是在创作者服务中心手动打标签。这种方法较常用,具体操作如下。

(1)打开抖音,选择右下角的【我】,单击右上角的带三条横线的按钮,从弹出的菜单中选择【创作者服务中心】,如图8-7所示。

(2)在账号名称下方,单击【设置标签】,如图8-8所示。

图8-7

图8-8

(3)进入标签选择界面,选择与账号内容相符的标签,单击【完成】按钮,完成设置,如图8-9所示。

|第 8 章|
视频发布

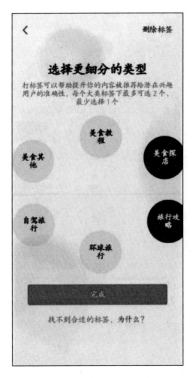

图8-9

8.2.3 如何查找优质标签

当用户希望查找更优质的标签时，可以使用巨量算数获得更直观且准确的数据。依托各类短视频平台的输出数据，巨量算数是一个能够洞察内容消费趋势的网站。具体步骤如下。

（1）使用搜索引擎搜索【巨量算数】，单击搜索结果中的【巨量算数 - 解析内容风向，解码营销未来】，在打开的页面中，登录并单击上方的【算数指数】，如图 8-10 所示。

（2）单击【话题】，输入视频上传时选择的标签，并单击【搜索】，即可查看该话题的热度指数，如图 8-11 所示。热度指数是根据对话题感兴趣的用户和搜索途径综合计算得出的指数。具体是通过对相关内容的用户观看、点赞、转发、评论等行为数据加权求得该话题的热度指数。

图8-10

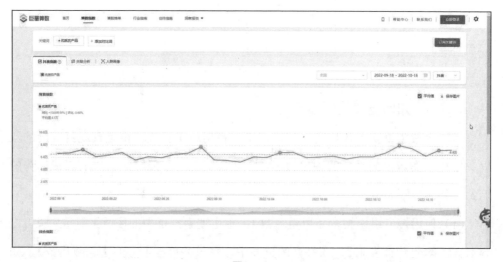

图8-11

一般情况下，可以选择两个热度指数较高的话题。此外，根据具体的产品，选择2～3个比较小众的标签，即可完成视频话题的添加。例如，视频主要介绍"三农"产品中的赣南脐橙。这时使用巨量算数搜索赣南脐橙，发现赣南脐橙的热度指数较低，而橙子和橙子好吃的热度指数较高。因此添加【橙子】和【橙子好吃】作为与热度相关的标签，添加【赣南脐橙】【赣南美食】和【三农种植】作为与视频高度相关的产品标签，如图 8-12 所示。

图8-12

第 9 章
账号运营

作为一名短视频创作者，做账号的目的不是消磨时间，而是为了通过短视频平台实现转化和推广，以提升个人品牌影响力。当视频发布后，应该通过什么方法来运营账号呢？本章将从评论区运营、数据分析、DOU+ 投放 3 个方面，让读者了解视频发布后应该做什么。

9.1 评论区运营

评论区是创作者和用户直接交流的区域，这种互动关系既有温度又有亲和力，能真实反映用户的兴趣和需求。在互联网平台上，越来越多的用户开始表达自己的观点。若他们在使用抖音的过程中刷到自己感兴趣的视频，就会直接查看评论区。精彩的评论可以对视频起到画龙点睛的作用，甚至有的评论的点赞量会超过原视频的点赞量。因此，运营评论区是运营账号的重要环节。

9.1.1 权重最高的互动行为

在抖音中，常见的互动行为包括点赞、转发、评论，这些互动行为可以理解为用户对博主的付费行为。虽然这种付费行为不涉及金钱往来，但是用户付出了时间成本。由于用户对不同互动行为的付出程度不同，因此互动行为拥有不同的权重。

对于互动行为，互动成本越高，权重越高，通常，评论的成本 > 转发的成本 > 点赞的成本。例如，点赞只需双击屏幕即可完成，而转发需要相对更长时间的操作，因此转发相对于点赞具有更高的权重。在这些互动行为中，评论的权重最高。这是因为发表评论需要用户打开评论区，并以文字的形式输入一段想好的内容，通常需要 30 秒或更多的时间才能完成。

9.1.2 评论区运营的重要性

评论区运营在各个自媒体平台上都是相通的，对应的运营思维和逻辑是一致的。在互联网中，所有内容生态下的评论区都是内容运营中不可忽视的重点。评论区运营的作用主要分为5个方面，如图9-1所示。

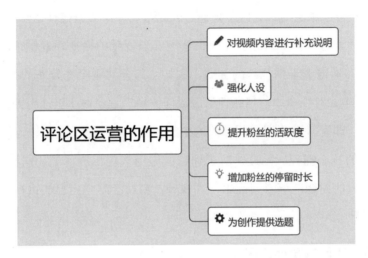

图9-1

第一，评论区运营能够起到对视频内容进行补充说明的作用。例如，博主在剪辑视频时添加的字幕出现错误，博主可以利用评论区对这类问题进行补充说明。这能够减少博主的损失，因为这些问题可能会使观看视频的用户对视频产生误解，甚至影响博主的人设。

第二，评论区运营能够强化人设。博主在运营账号时需要有固定的人设，以建立信任。然而，在视频拍摄和制作的过程中不免会出现"表演"的成分，使视频中展现的人设不完全真实。因此，博主可以通过评论区与用户互动，通过相应的说话方式和语气强化人设。同时，在评论区与用户互动也更容易与用户建立联系，从而建立信任关系。

第三，评论区运营能够提升粉丝的活跃度。用户作为粉丝在评论区留言时，大多希望能够与博主互动、交流。如果长时间得不到回应，粉丝在评论区留言的热情就会减弱。因此，博主在评论区与粉丝互动不仅能够增加粉丝黏性，还能够增加评论数量。

第四，评论区运营能够增加粉丝的停留时长。当用户刷到视频时，如果评论区没有评论，他们可能会失去评论的兴趣。许多用户有从众心理，假如视频的评论不多，用户可能不会对评论区感兴趣，因此增加评论数据很有必要。

第五，评论区运营能够为创作提供选题。当视频拍摄缺乏素材时，可以参考评论区的内容确定下一期视频的选题。例如，部分博主会在发布的视频中提到："上一期视频中，有很多小伙伴在评论区提问……"这里博主就运用评论区的内容来进行创作，即回答上一期视频评论区中的问题。很多情况下，评论区能够很好地反映用户的核心痛点。因此，对于评论区中用户提出的问题，同样需要重视。如果针对用户的问题能够专门推出一期视频，粉丝会感觉自己被重视，粉丝忠诚度会有所提升。

9.1.3　如何运营评论区

评论区的运营方法有很多，博主可以根据自己的需求选择不同的运营方法。一些常用的运营方法如下。

- **点赞评论**：一种常用的评论区互动方法。操作较简单，只需点亮用户评论后的爱心图标即可。虽然点赞操作并不复杂，但是博主的点赞能够激励粉丝进行互动。
- **置顶评论**：一种有效的引流手段。博主在完成视频发布后，第一时间针对视频发布一条评论，系统会自动将这条评论置顶。评论的内容可以是补充说明视频的内容，也可以是一些其他操作，例如，提供店铺地址，引导用户消费等。
- **查看评论并回复**：最常见、最直接的运营方法。博主在发布视频后的一段时间内，可以查看评论区内容，回复部分粉丝，也可以自己发布评论。

除了上述常用的运营方法外，还可以效仿其他博主使用的运营方法。3种有趣的运营方法如下。

- **运用别的账号给自己评论。** 这种方法通常被公司使用，当公司同时运营多个账号时，可以通过账号之间的互动引流。例如，公司的账号A的人气较高，账号B创建不久，可以使用B账号评论A账号发布的视频，然后使用A账号回复B账号，达到引流目的。如果个人博主同时拥有多个账号，也可以使用这种方法，在账号之间引流。
- **在评论区发布广告和相关链接。** 这种方法是部分博主的变现方法。然而，在评论区发布广告和相关链接需要具有一定数量的粉丝，这是一种有一定门槛的运营方法。
- **在评论区发布提问或互动任务。** 这种方法主要用于吸引用户在视频下方回复，从而增加视频的互动数据。例如，博主在评论区发布"想跟你心里的他说哪句话？别胆怯，大胆地@他"。用户看到评论后更容易参与到评论互动中。这既能增加视频的评论数据，又能吸引更多的用户观看视频，起到双重作用。

9.2 如何通过创作服务平台分析数据

前面分享了许多方法，但新手在实践中仍可能遇到意外情况，例如，按照这些方法做了许多操作，结果播放量只有5次。出现这种情况并不奇怪，"学归学、做归做"，学了并不等于会做了。怎么验证自己是否掌握了方法呢？归根结底，要用数据来说话。

因此，在视频发布后，博主需要对发布的视频进行数据分析。下面以抖音为例，讲解如何通过创作服务平台分析数据。

9.2.1 创作服务平台的基本模块

抖音的创作服务平台主要分为主页和左侧导航栏两大区域。具体说明如下。

首先,打开浏览器,使用搜索引擎搜索【抖音创作服务平台】,进入相应网页,如图9-2所示。

图9-2

接着,单击网页右上角的【登录】按钮,在弹出的对话框中,依次选择【创作者登录】单选按钮和【抖音】单选按钮,单击【确认】按钮,如图9-3所示,在弹出的对话框中,用手机扫描二维码,登录。

图9-3

第 9 章
账号运营

在创作服务平台的左侧导航栏中,有【内容管理】【视频剪辑】【互动管理】等模块,中间则是【数据总览】模块,用于显示账号视频播放总量、主页访问数、视频点赞数等详细数据,如图 9-4 所示。

图9-4

在【数据总览】模块的下方是【创作者周报】模块,用于显示账号最近一周的表现情况,如图 9-5 所示。

图9-5

在【抖音排行榜】中可以查看当下热门的音乐或博主,在【创意洞察】下的【热点榜】里可以查看当下热门的话题,如图 9-6 所示。热点在内容创作中是极好的选题,如果博主以这些热点作为选题进行创作,创作的内容被平台推送的概率将会很大。

图9-6

9.2.2　通过【视频数据】模块分析数据

【视频数据】模块展示了账号整体的数据情况，分为【数据总览】【作品数据】【粉丝画像】【创作周报】4个部分。下面将详细介绍如何通过它们进行数据分析。

【数据总览】模块展示账号整体的核心数据。按周更新，对投稿数、视频播放量、视频完播率、互动指数、粉丝净增量等数据进行诊断，并与平台上其他创作者的数据进行对比，如图9-7所示。针对一些情况，它会给出提升建议。例如，对于互动指数低于60.42%的同类创作者，它提出了两点建议。一是作品的开头和结尾很关键，记得打造独特的"记忆点"，并且提醒用户点赞、留言；二是记得多在评论区里和用户互动。

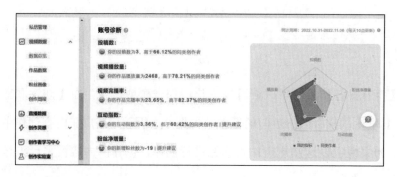

图9-7

第 9 章
账号运营

【作品数据】模块分为【作品总结】和作品列表。【作品总结】展示了最近30天发布且表现优异的作品，如图9-8所示。

图9-8

作品列表则展示了最近30天发布的100个作品，并列出了数据分析的7个维度，包括播放量、点赞量、分享量、评论量、主页访问量、粉丝增量、完播率，分析数据一目了然，如图9-9所示。在作品列表中，3天内发布的作品对应的数据实时更新；发布时间超出3天的作品对应的数据按天更新。博主通过分析互动量高的视频，总结出共同点，从而创作出更精彩的作品。

审核状态	播放量	点赞量	分享量	评论量	主页访问量	粉丝增量	完播率
已通过	281	12	0	5	6	0	4.33%
已通过	1298	17	0	2	14	0	38.43%
已通过	327	21	5	16	22	0	12.62%
已通过	342	12	0	2	12	0	6.27%
已通过	1404	14	0	4	25	0	1.02%
已通过	545	19	0	3	4	0	32.55%
已通过	534	17	0	4	4	0	23.08%

图9-9

粉丝画像通过粉丝的注册信息使其标签化，包括性别分布、年龄分布、地域分布、关注热词等，从而分析出粉丝的消费能力和爱好，如图9-10所示。

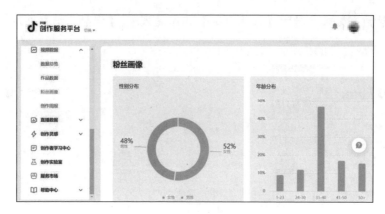

图9-10

【创作周报】用于展示账号在上周的排名和一些关键数据,为下一周的内容制作做准备,这里不展开讨论。

9.3 如何投放DOU+

DOU+ 是一种提升视频播放量的工具,既可以给自己的视频投放 DOU+,也可以给别人的视频投放 DOU+。投放 DOU+ 后,系统会把对应视频推荐给更多用户,从而增加视频播放量。

9.3.1 什么是DOU+

DOU+ 是为抖音创作者提供的内容加热工具,可以把视频推荐给潜在用户,提升视频的播放量,帮助账号更好地进行内容运营,如图9-11 所示。简而言之,它相当于给视频买广告,让更多的人能够看到视频,提升内容曝光率。它具有三大优势。

- 操作便捷:可通过App直接操作与使用。
- 互动性强:多触点交互,聚集粉丝的效果清晰可见。
- 用户流量优质:基于抖音平台的优质用户流量,大幅提升热度。

图9-11

9.3.2 DOU+投放的类型

DOU+投放分为系统智能推荐和自定义定向推荐两种类型。其中,自定义定向推荐更精准,可以根据性别、年龄、地域和兴趣标签等进行定向推荐,如图9-12所示。通过自定义定向推荐获得的用户与账号的目标用户会比较相似。

图9-12

9.3.3 投放 DOU+ 的具体操作

DOU+ 究竟要如何投放呢？具体步骤如下。

（1）在抖音中打开想要投放 DOU+ 的视频，单击播放页面右下角的 ：，选择【上热门】，如图 9-13 所示。

（2）选择投放 DOU+ 的目的，其中包括【账号经营】【获取客户】【商品推广】等选项，以及【点赞评论量】【粉丝量】【主页浏览量】【视频播放量】等选项，如图 9-14 所示。具体选择因人而异，如果想要增加粉丝，就选择【粉丝量】；如果想要增加视频的点赞量，就选择【点赞评论量】。

图9-13

图9-14

（3）如图 9-15 所示，选择推荐的【专属套餐】。对于推荐的套餐，抖音后台依据大数据，给该视频打上标签，吸引潜在用户观看。若选择【自定义定向推荐】，则需要自己选择用户，自己给潜在用户打标签，以增加视频的播放量，如图 9-16 所示。

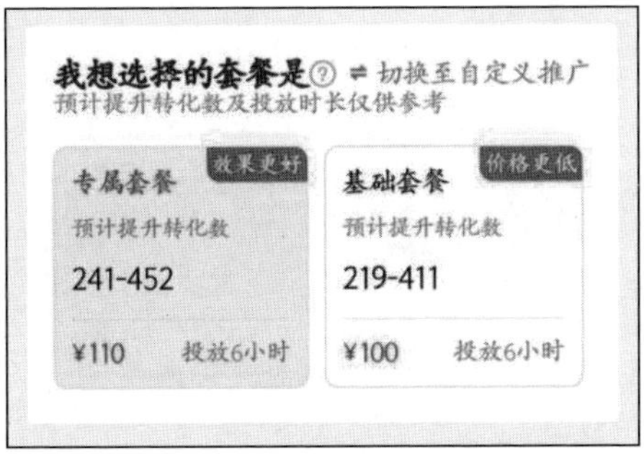

图9-15 　　　　　　　　　图9-16

（4）单击【支付】按钮，出现支付成功页面后，即投放 DOU+ 成功。